Outlook Verlag

Bildband Krakau

Outlook

Outlook Verlag

Bildband Krakau

1. Auflage | ISBN: 978-3-73409-809-3

Erscheinungsort: Frankfurt am Main, Deutschland

Erscheinungsjahr: 2019

Outlook Verlag GmbH, Frankfurt.

72 eindrucksvolle Bilder von Krakau.

Outlook Verlag

Bildband Krakau

Outlook

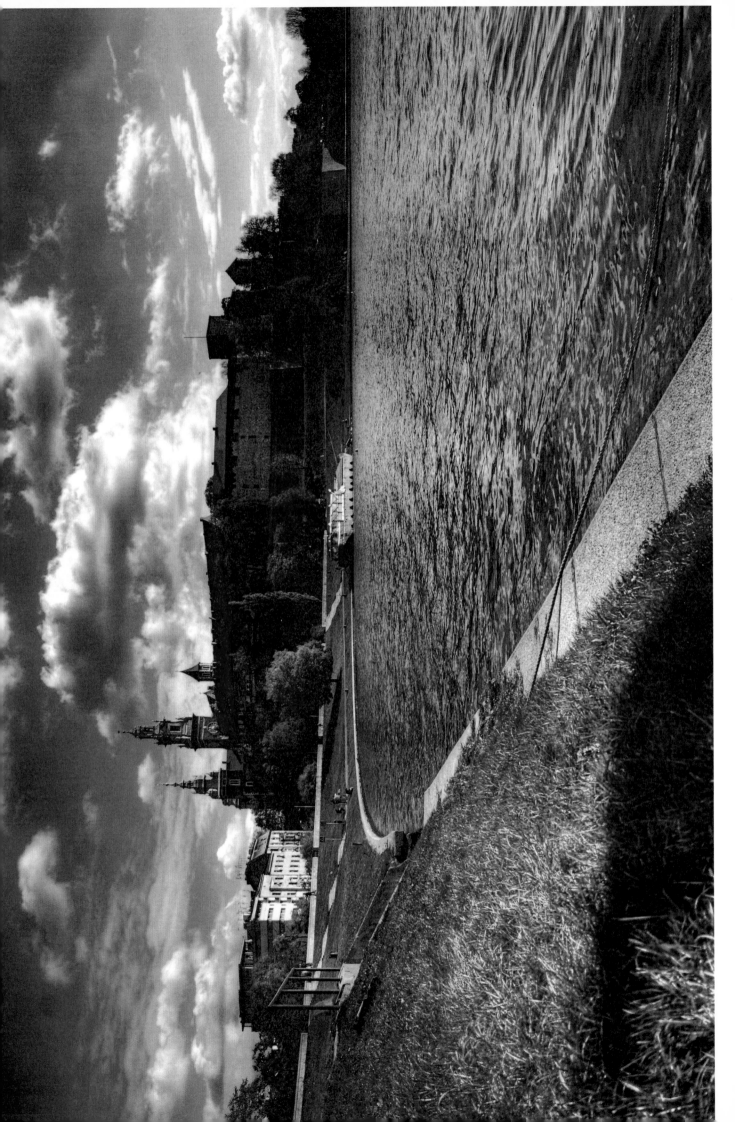

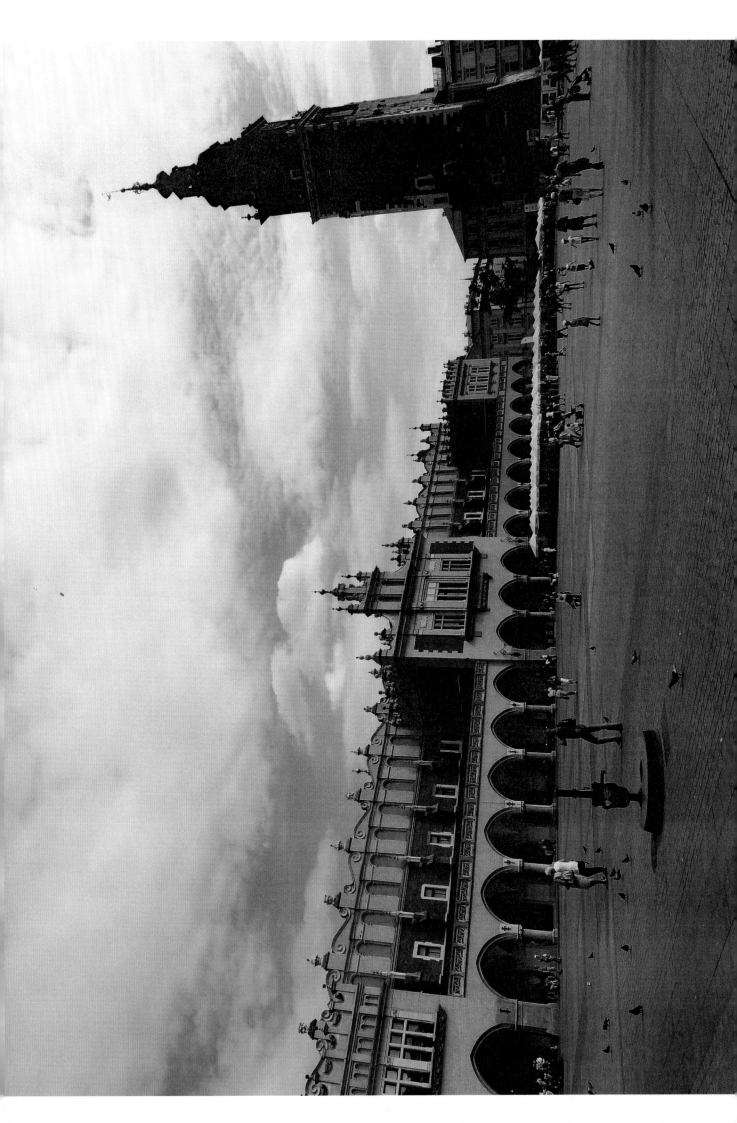

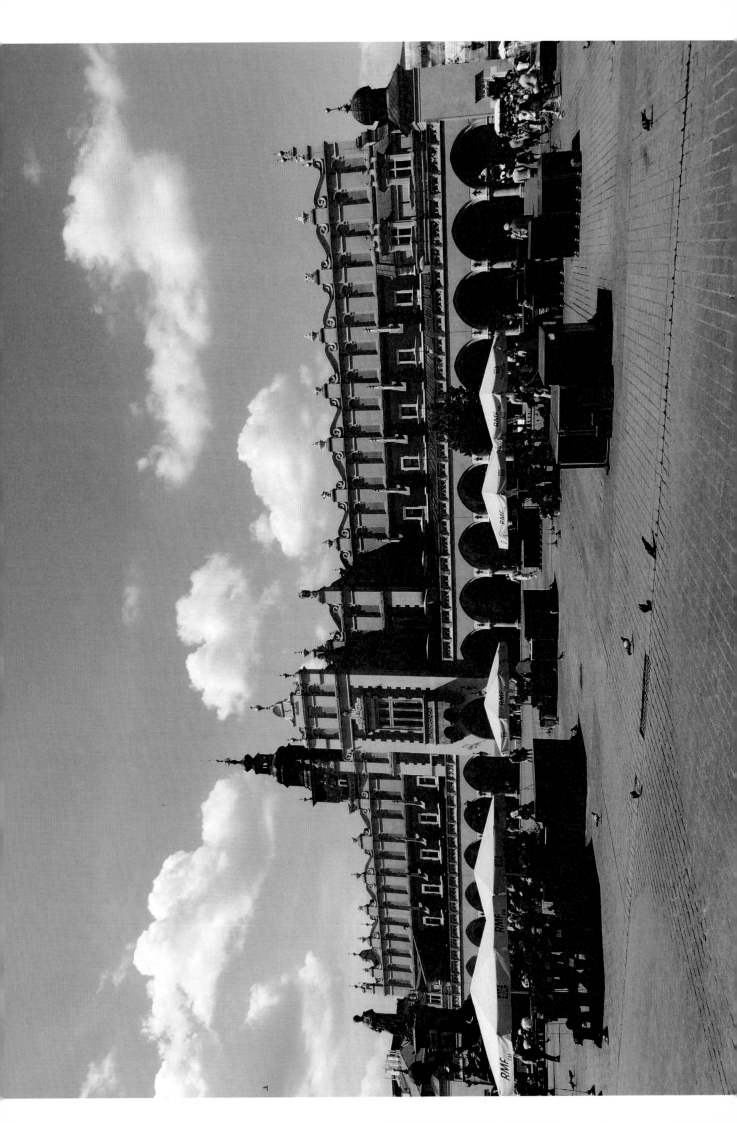

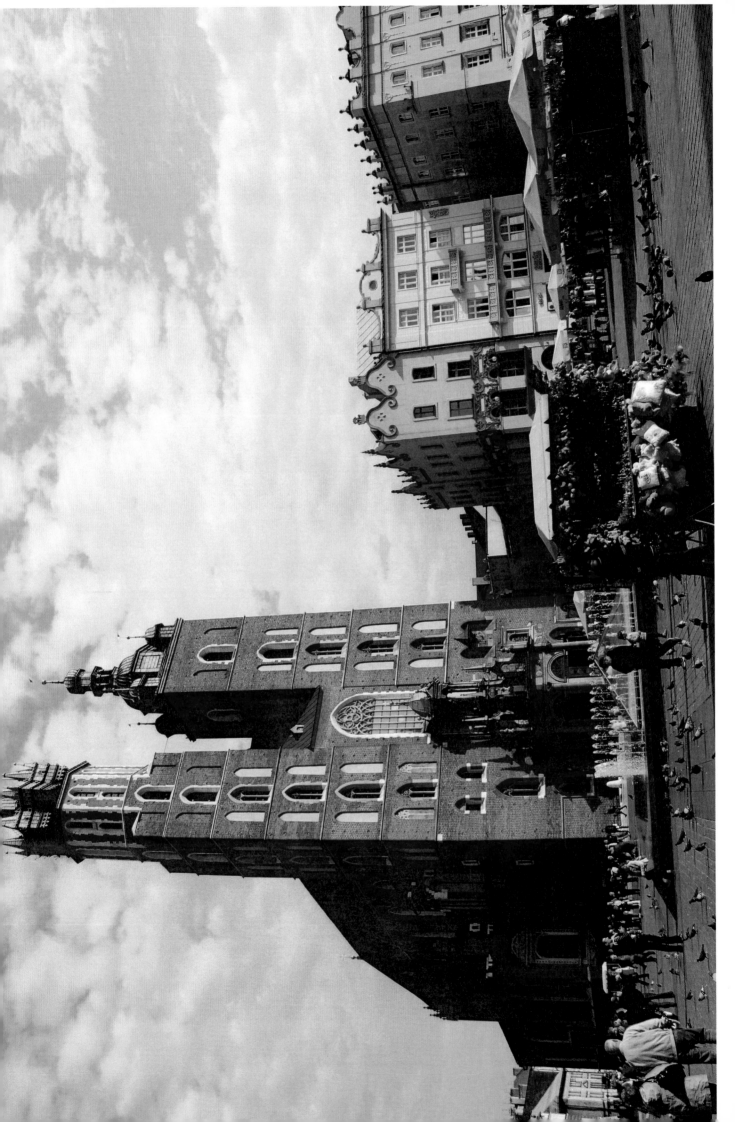

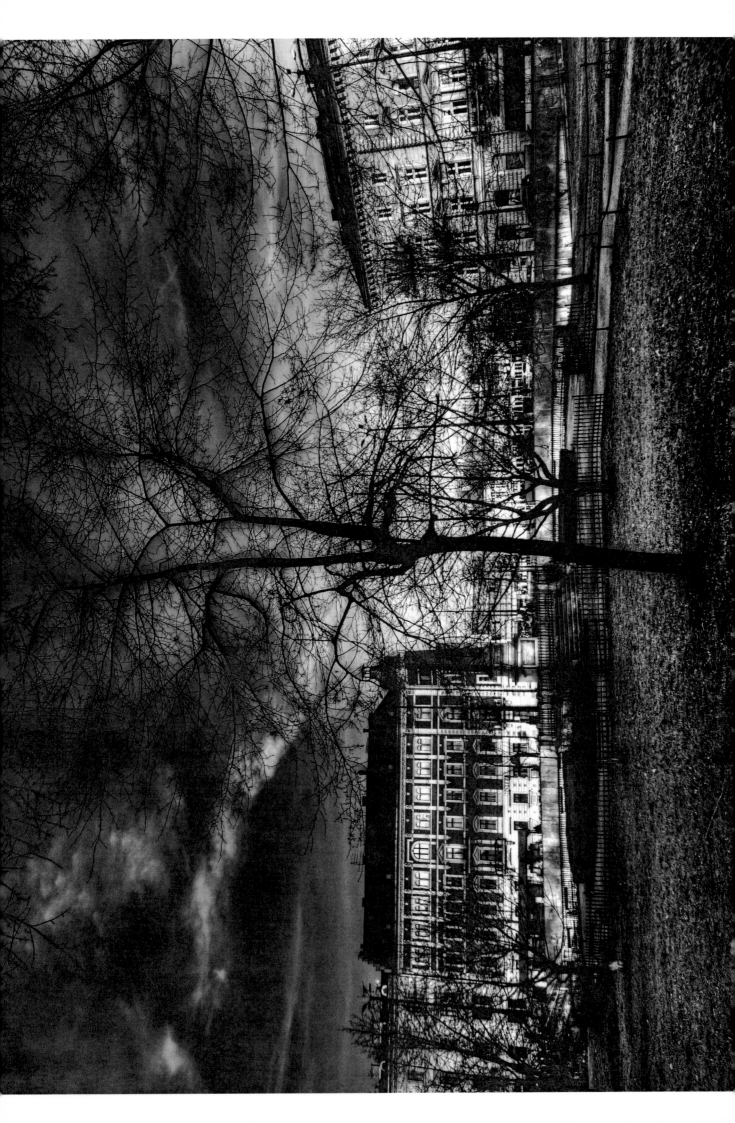

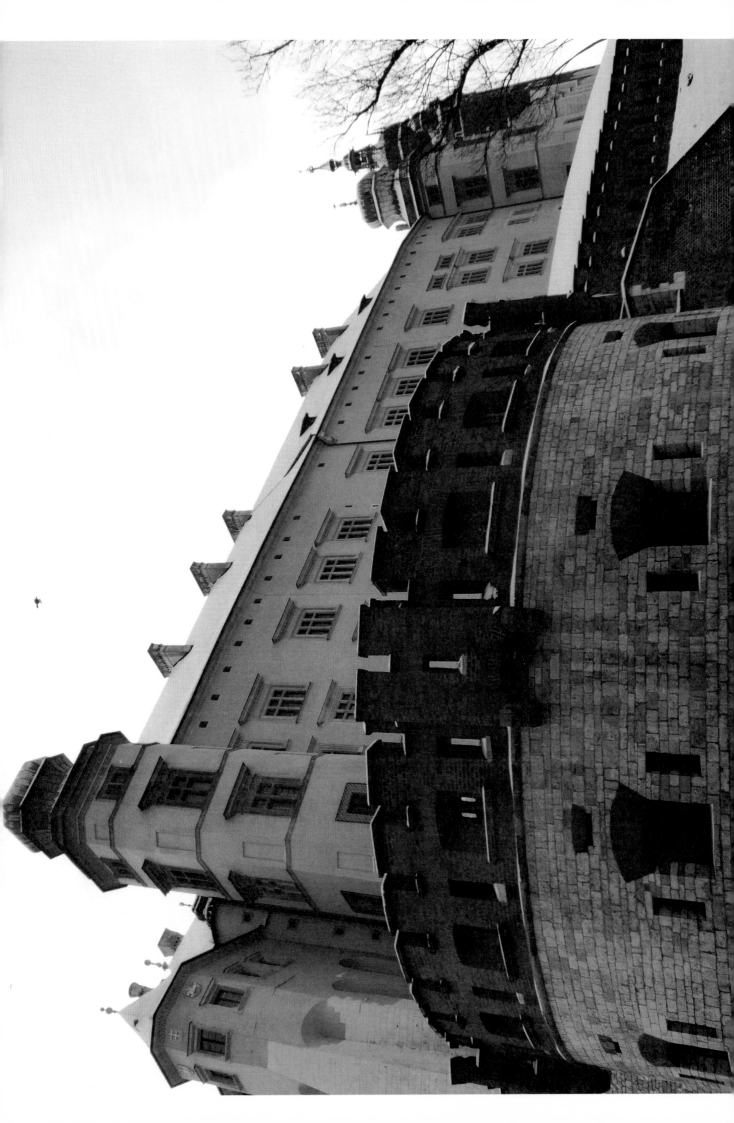

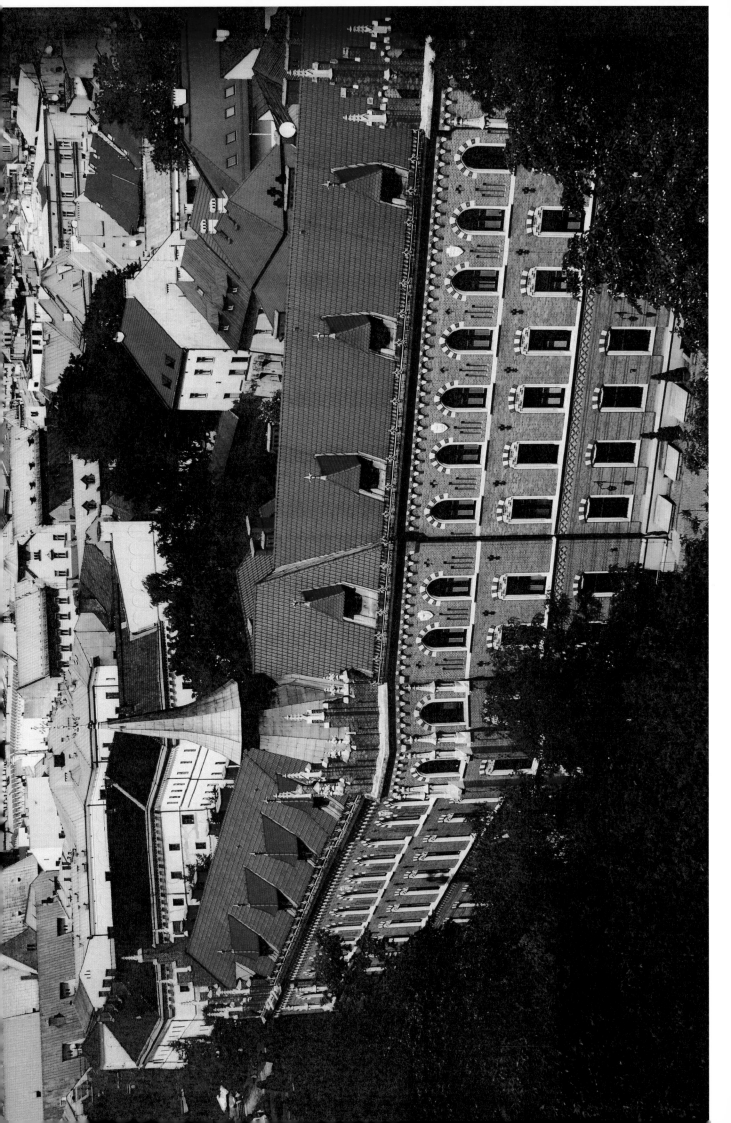

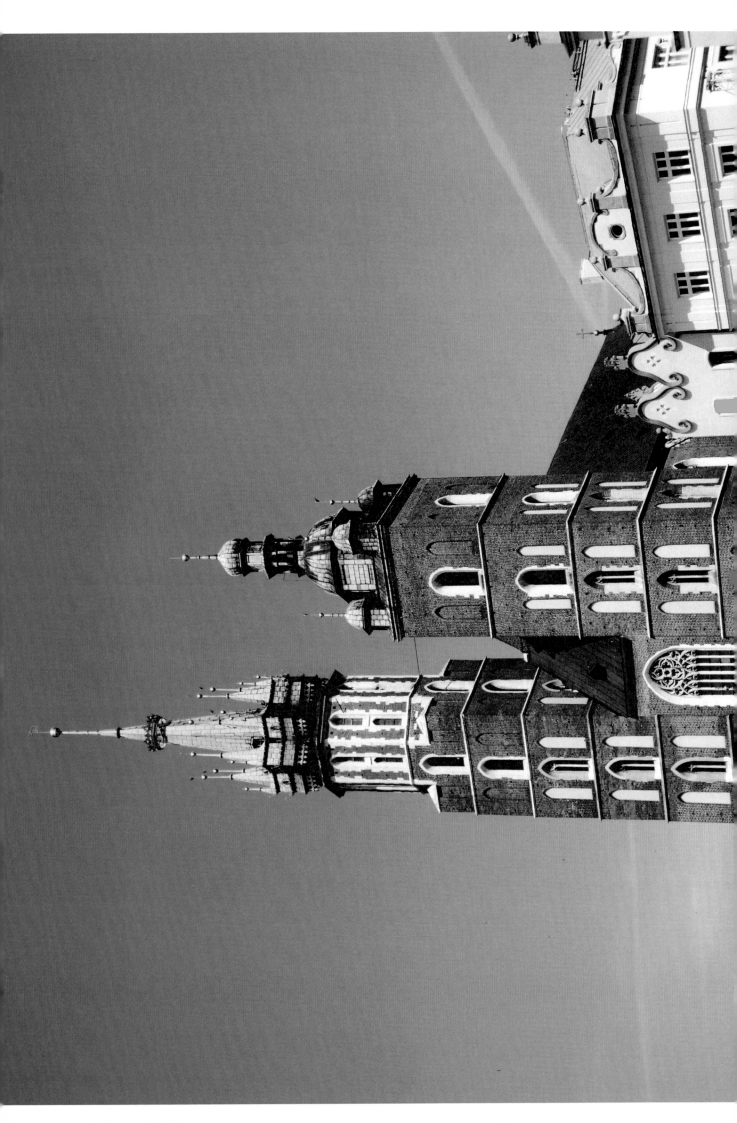

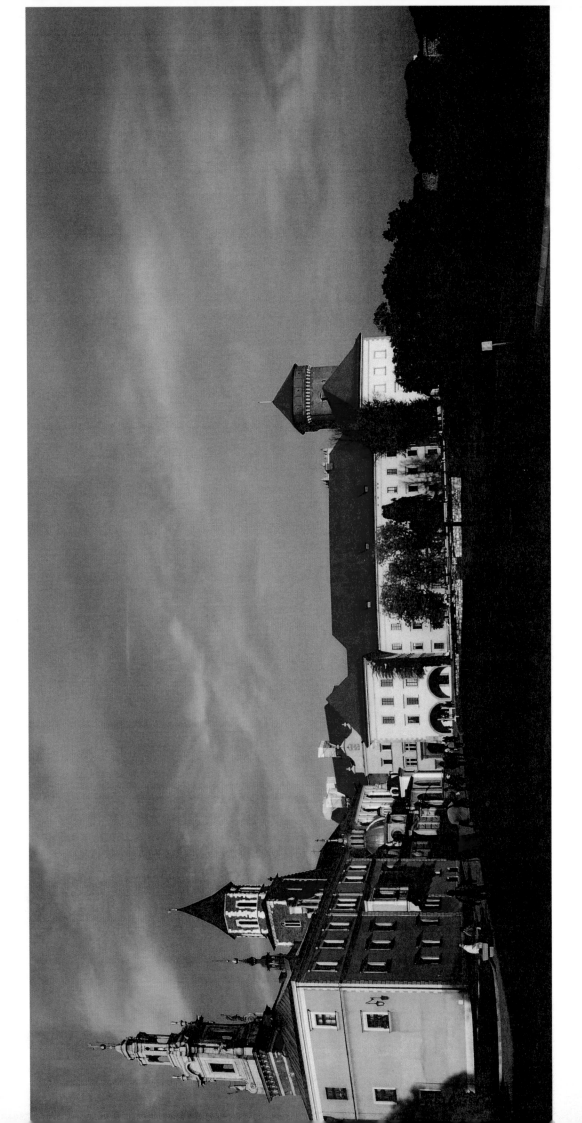

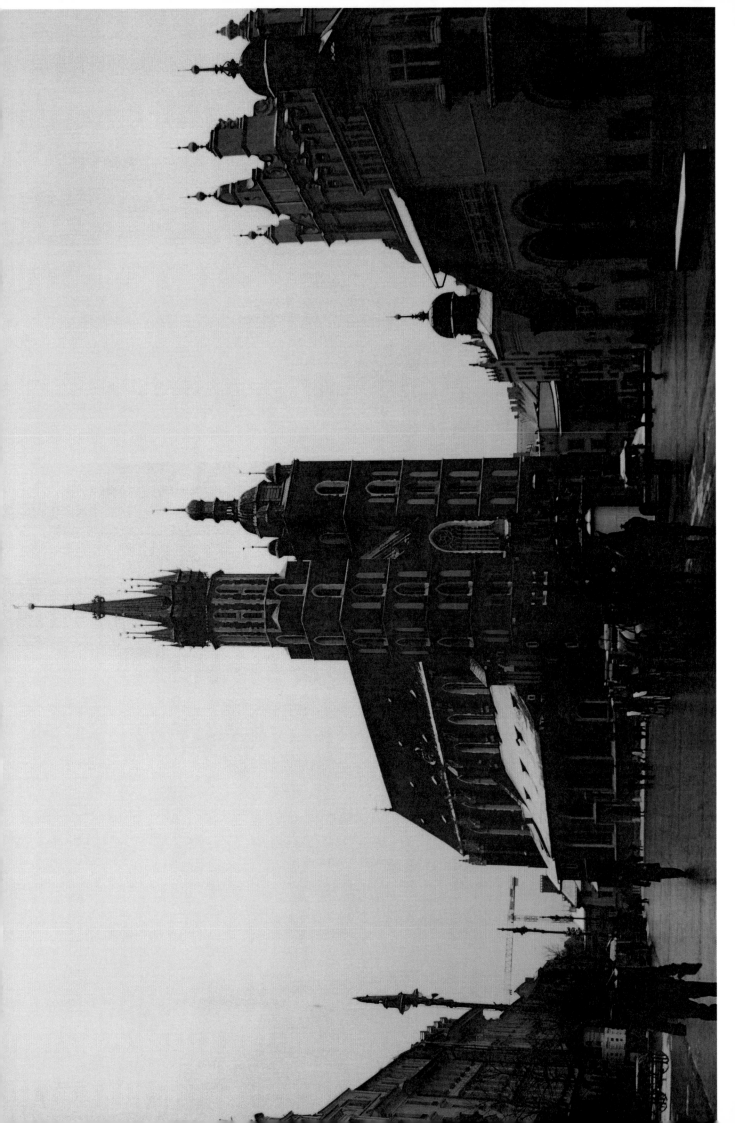

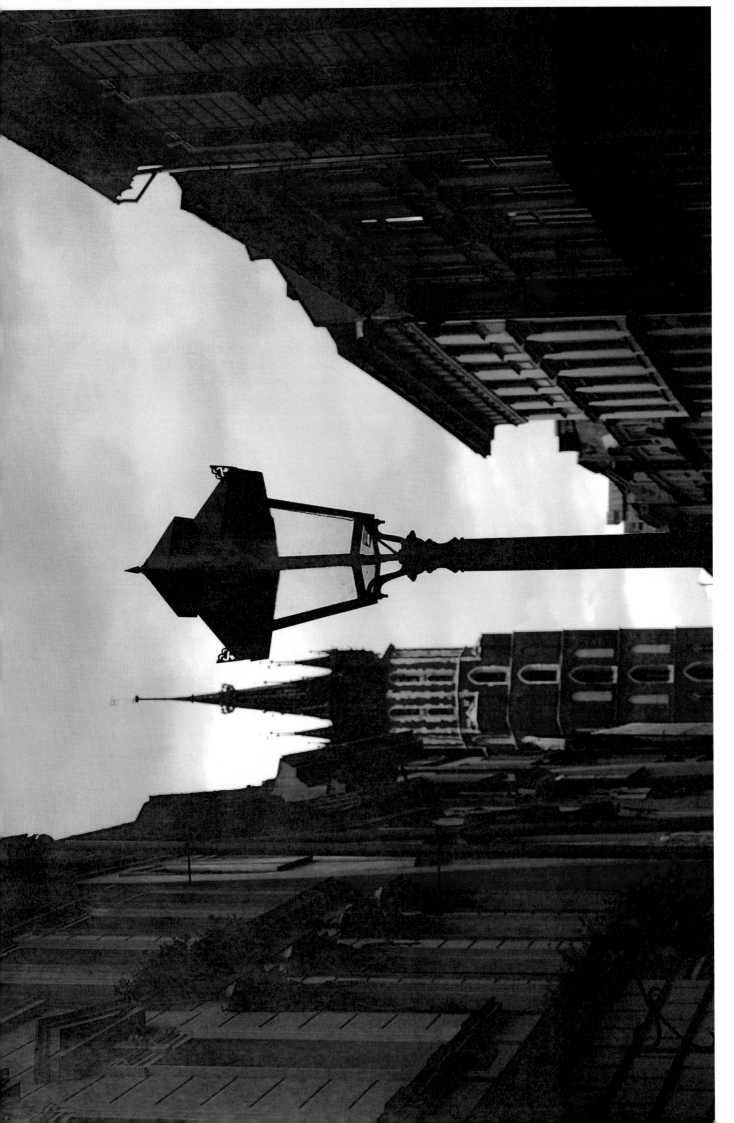

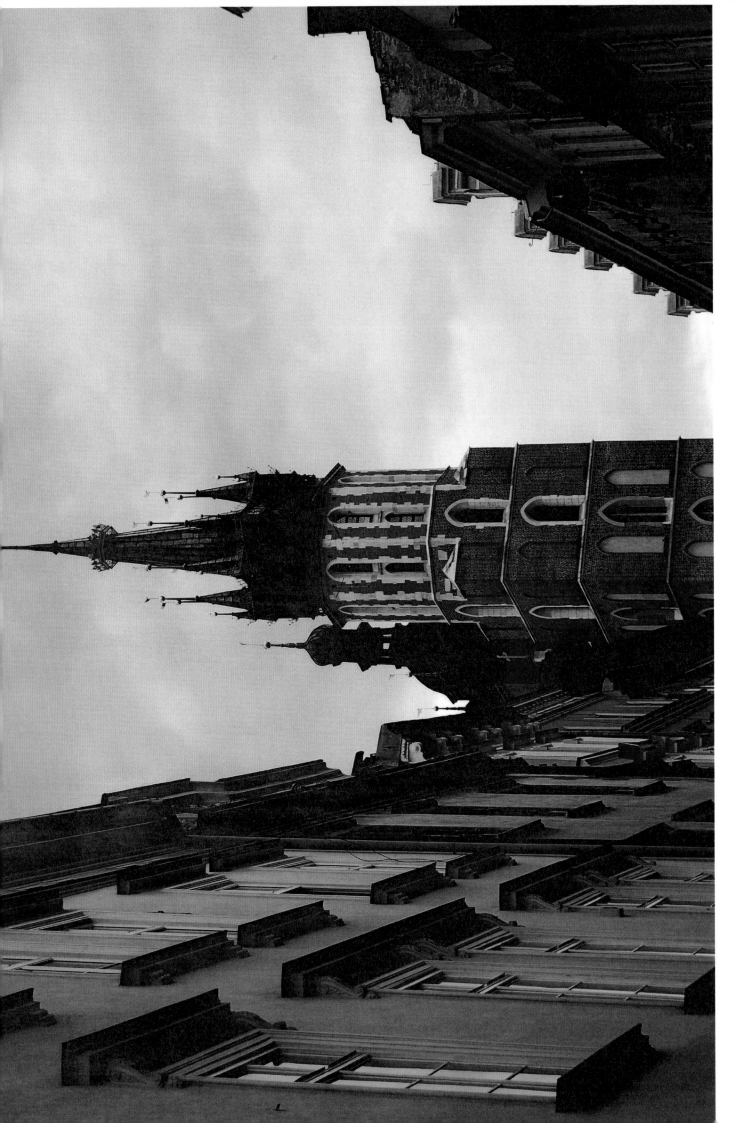

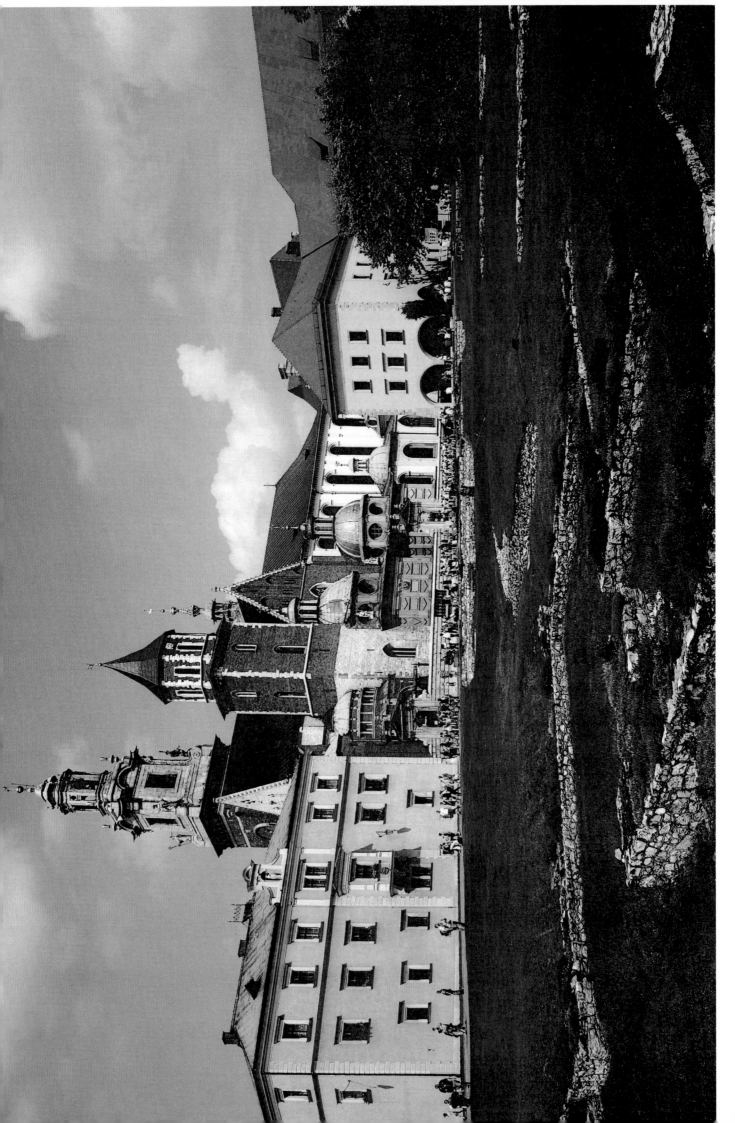

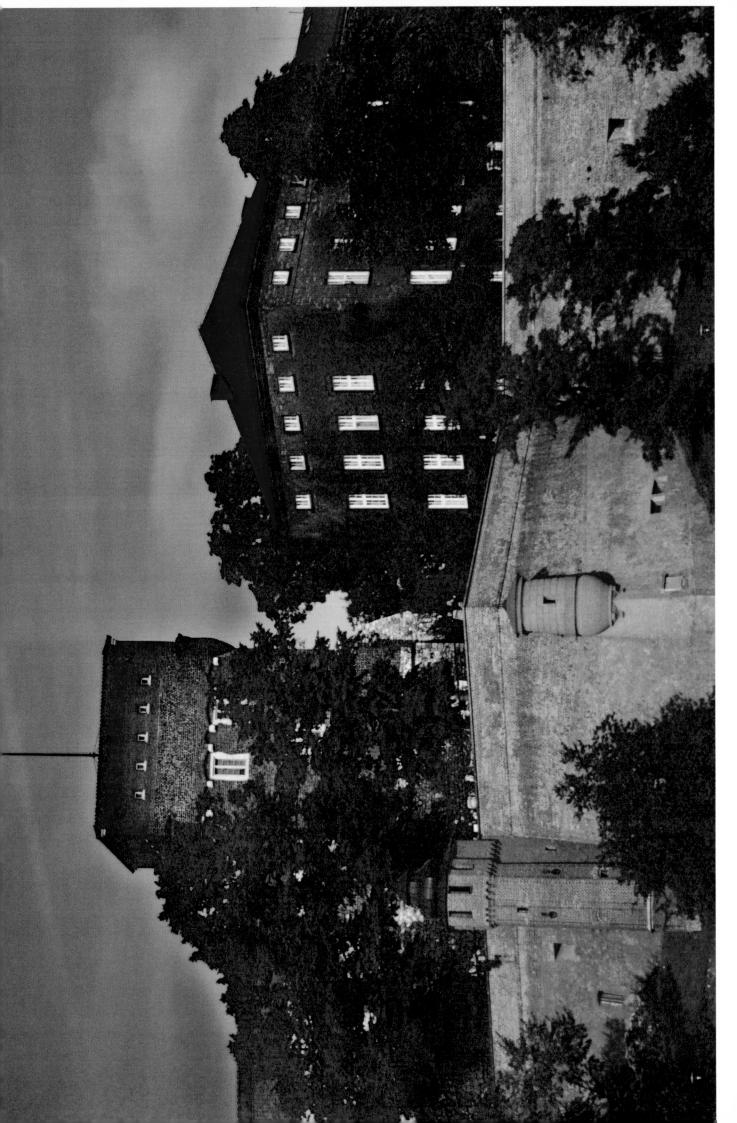

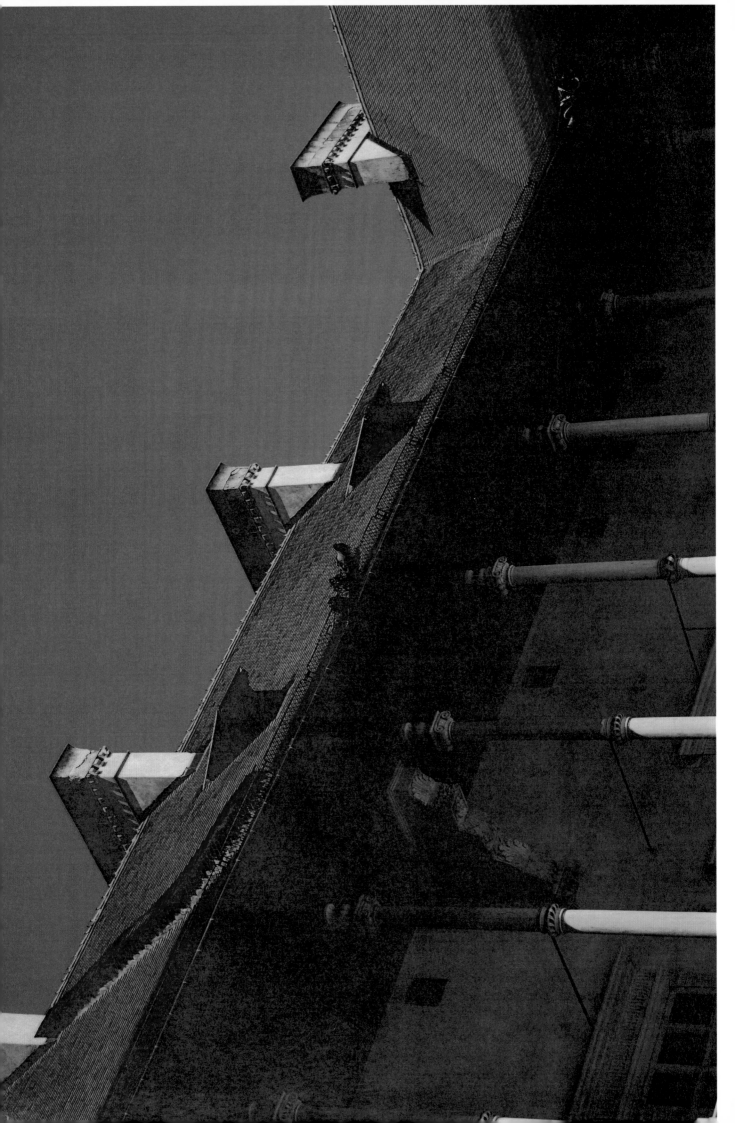

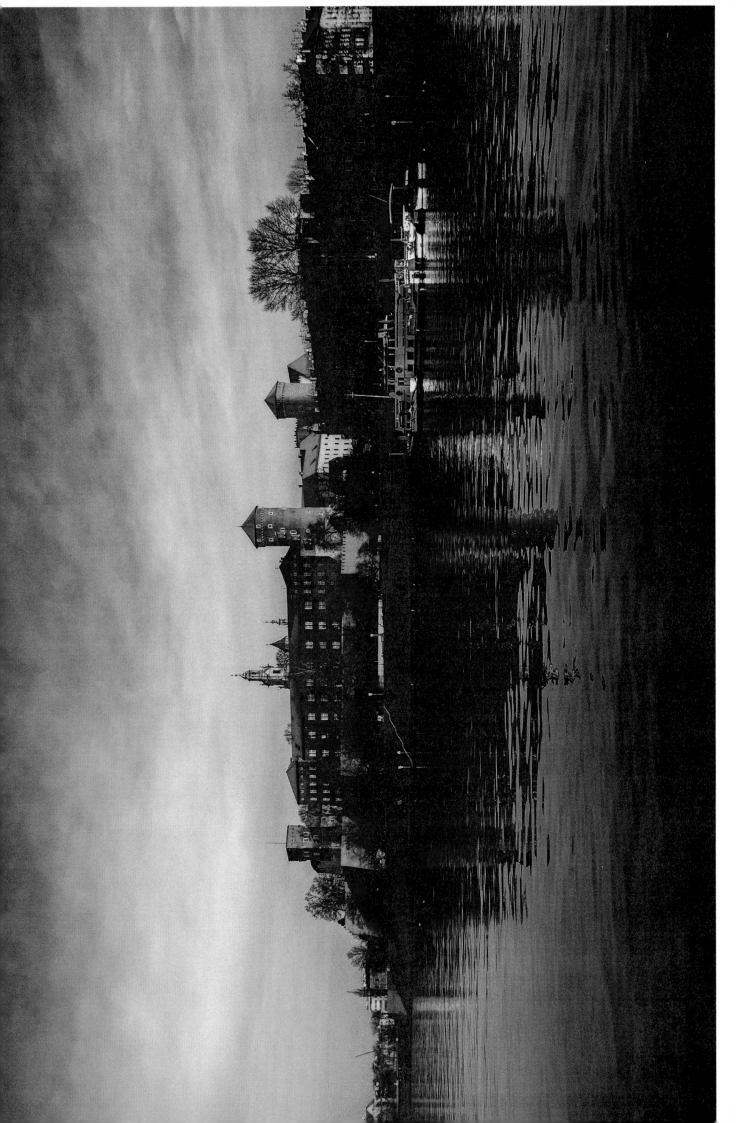

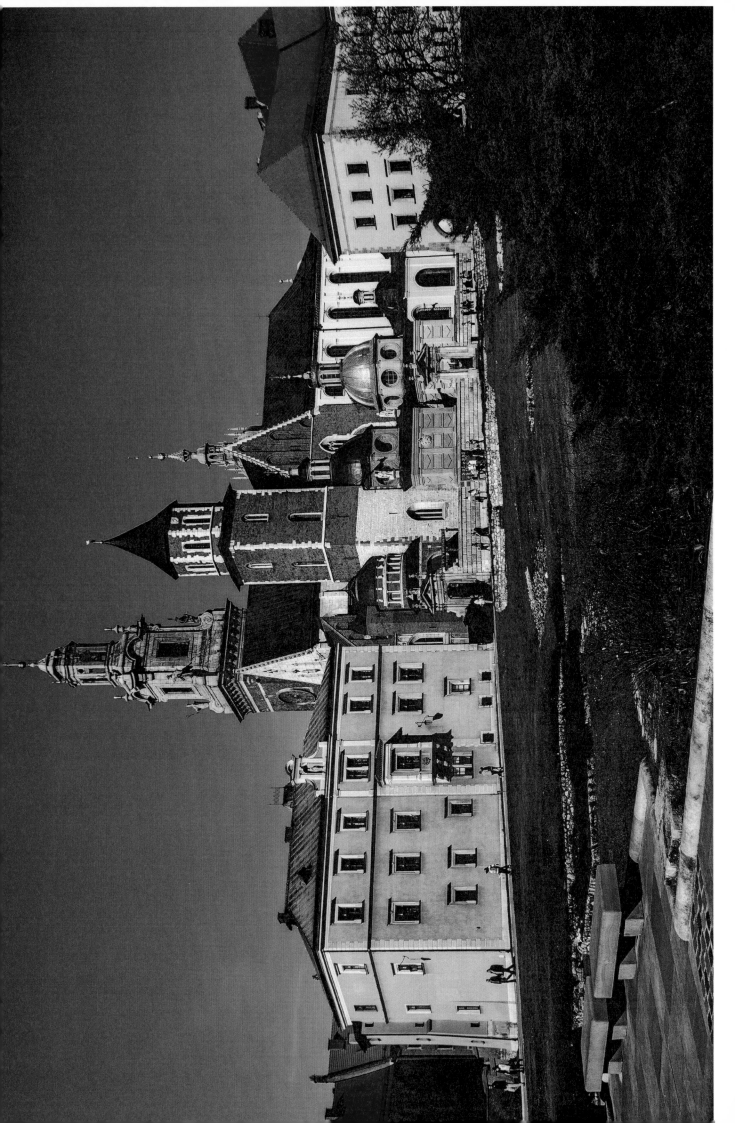

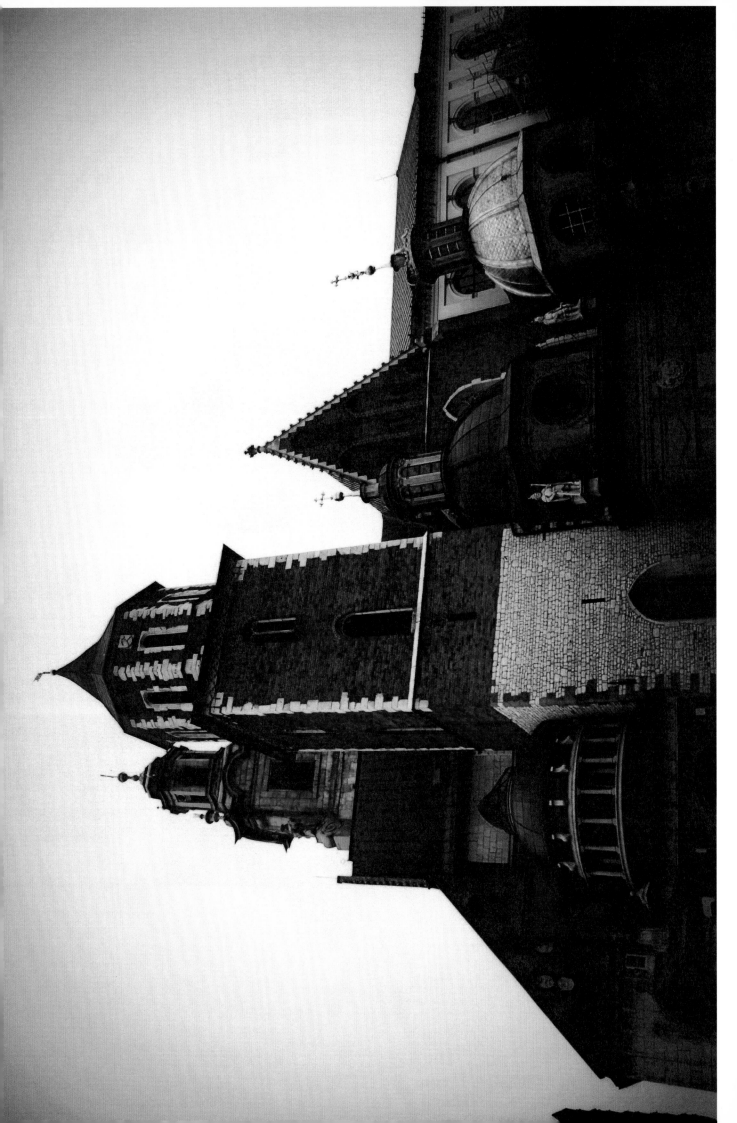

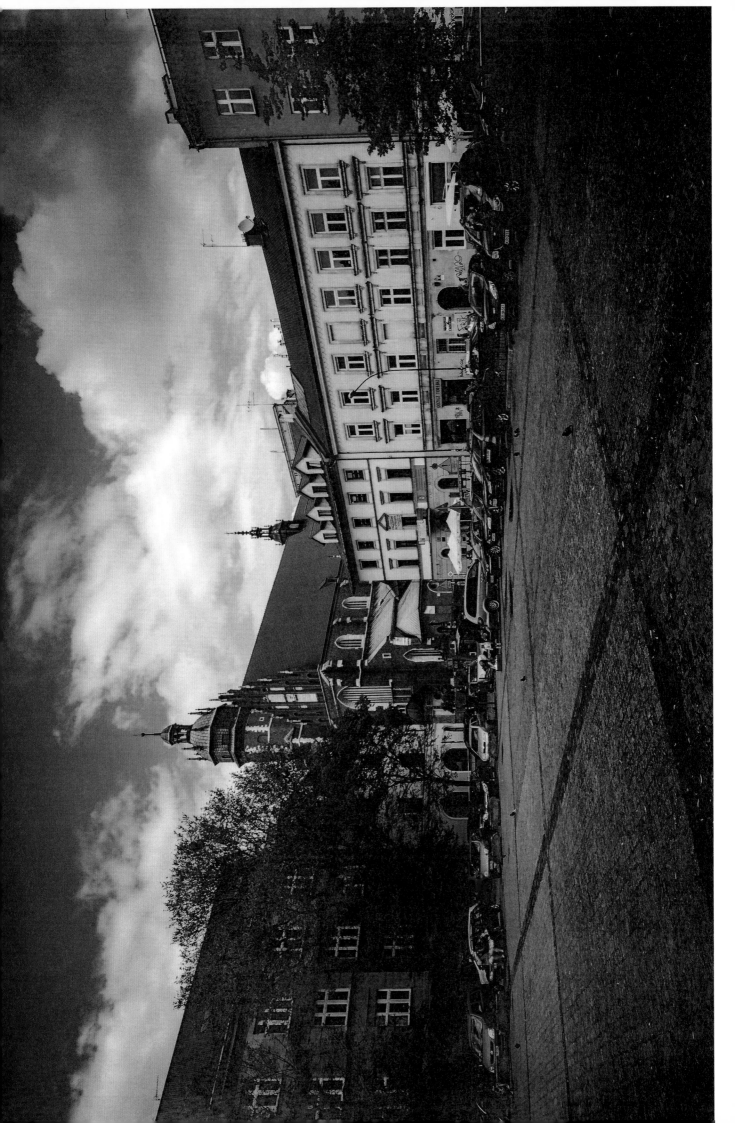

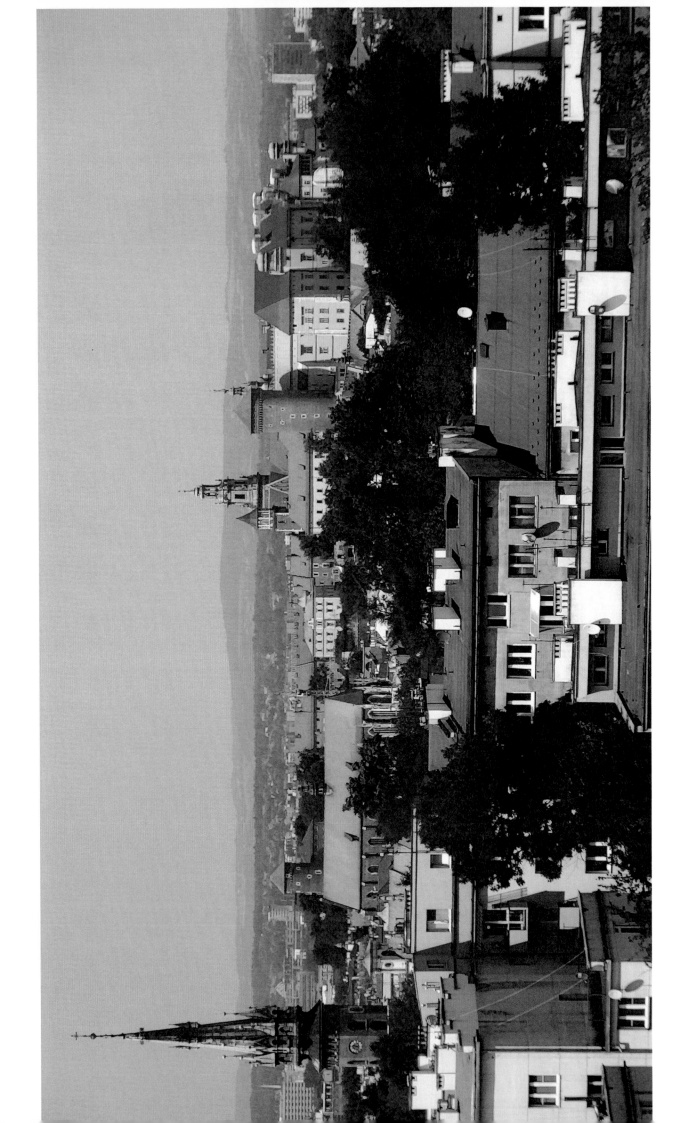

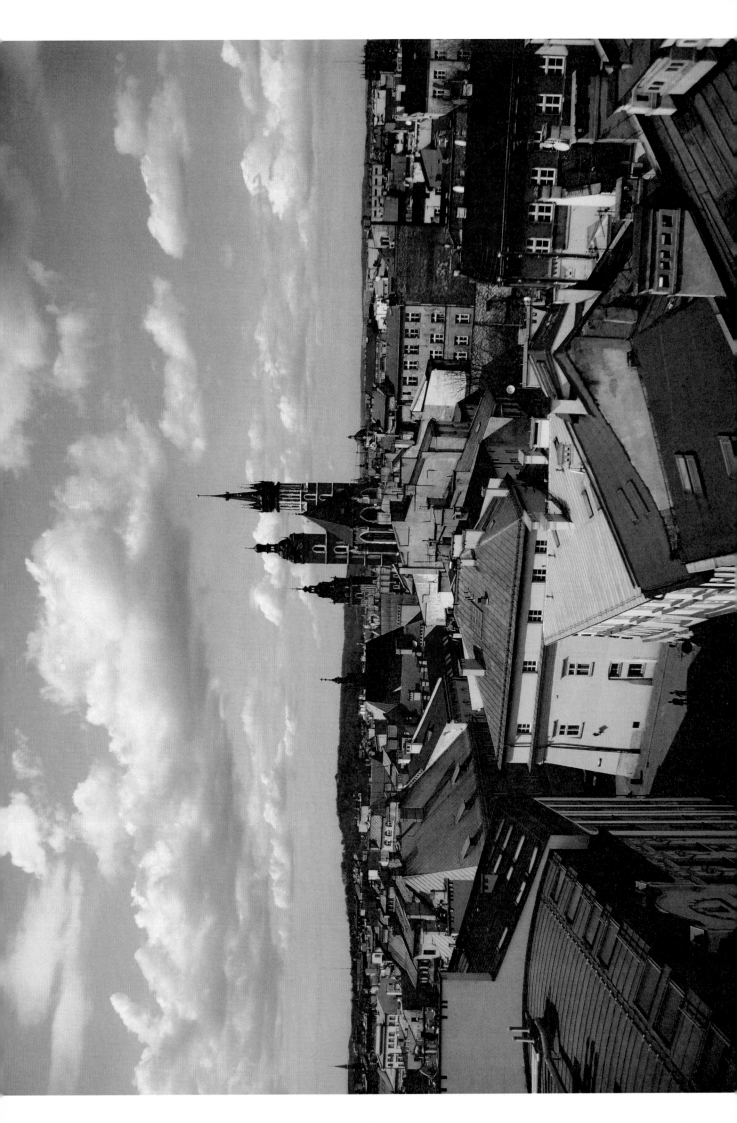

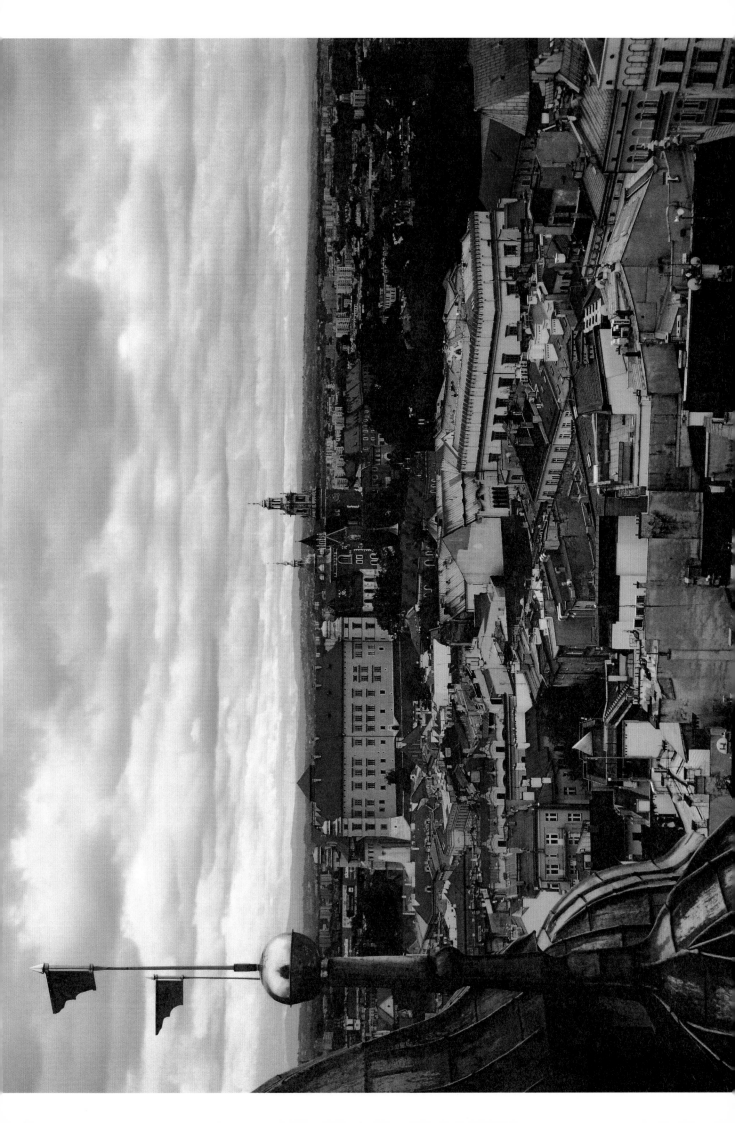

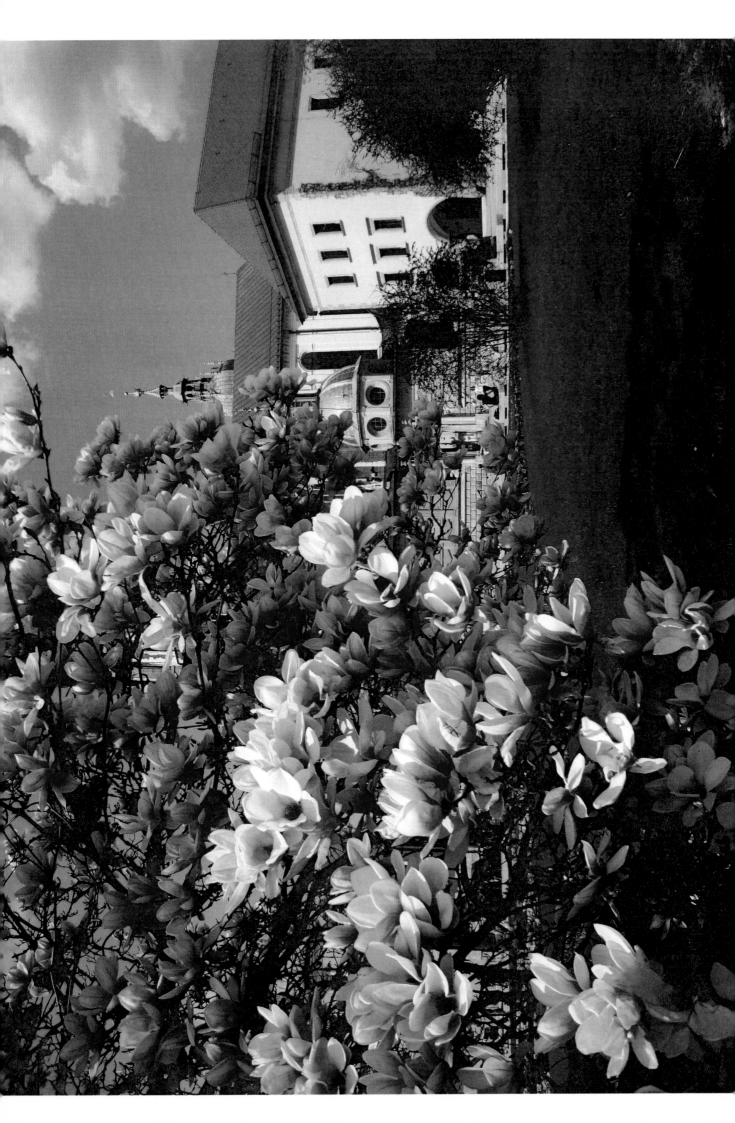

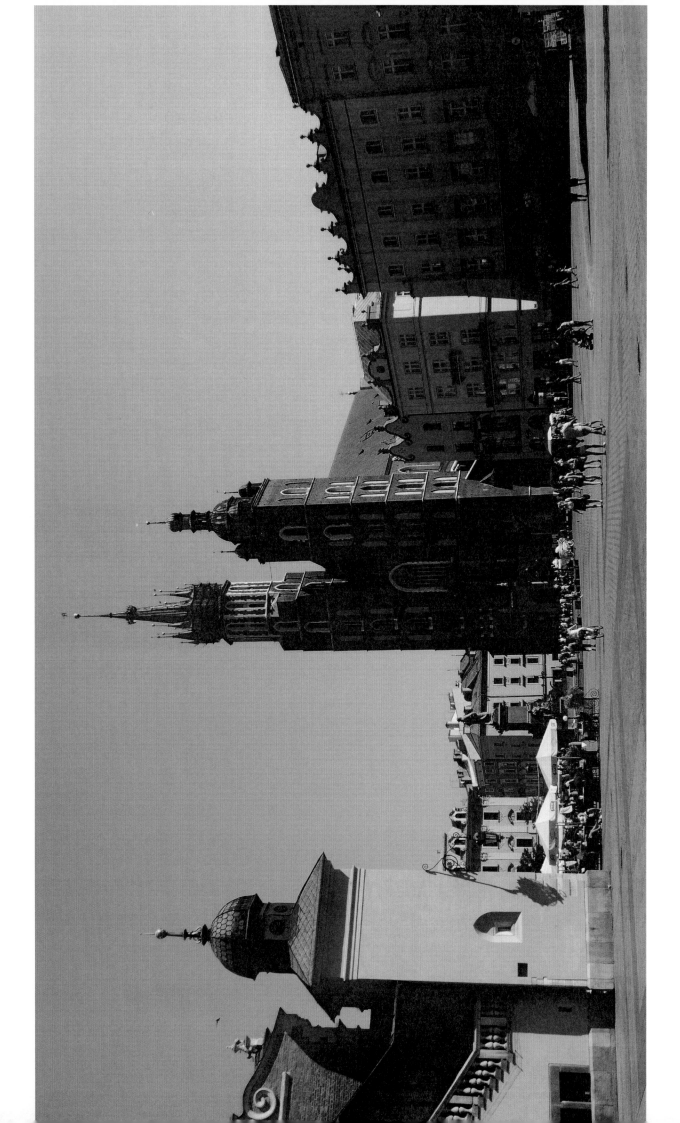

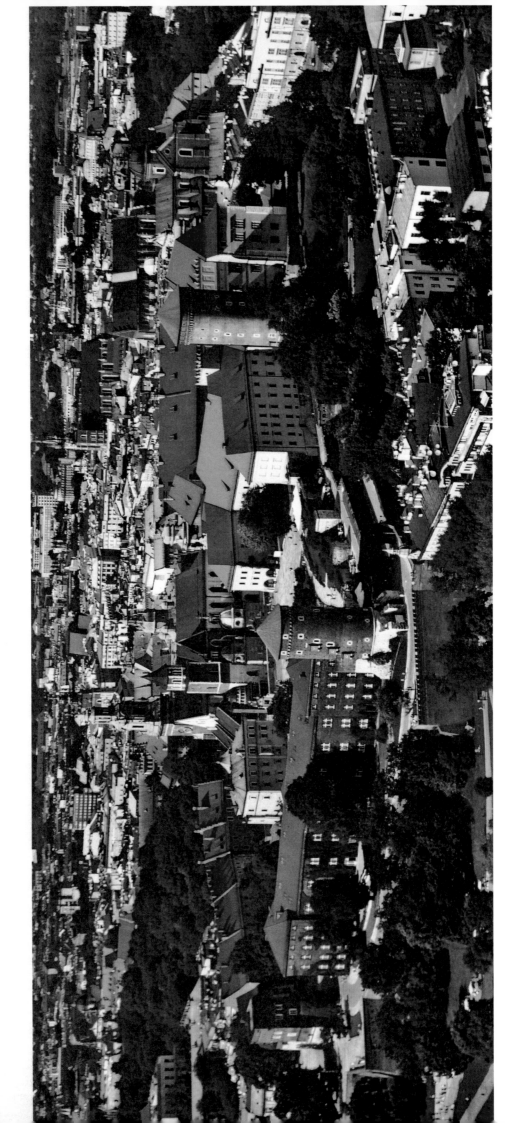

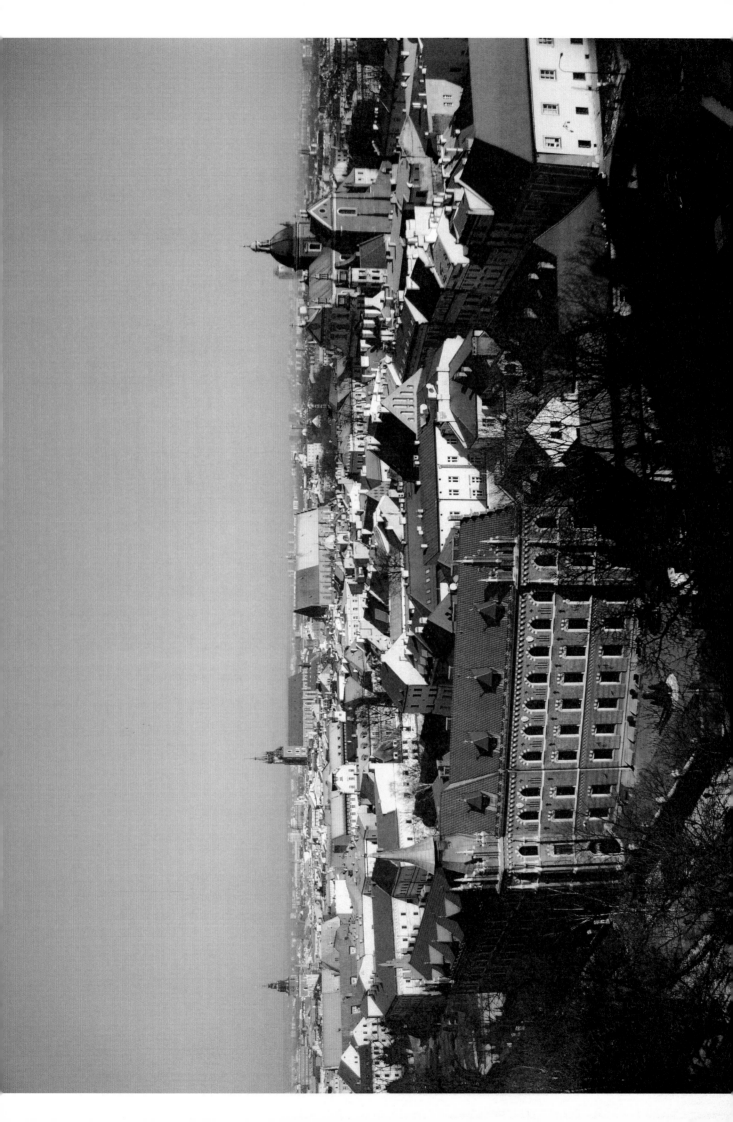

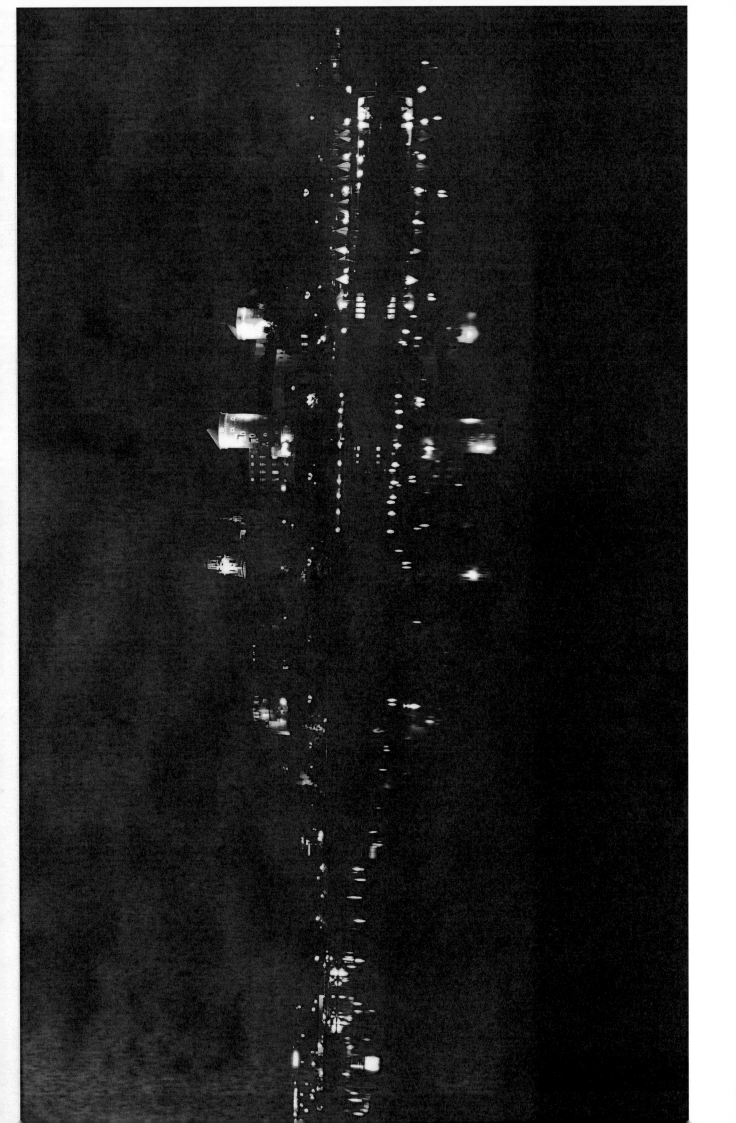

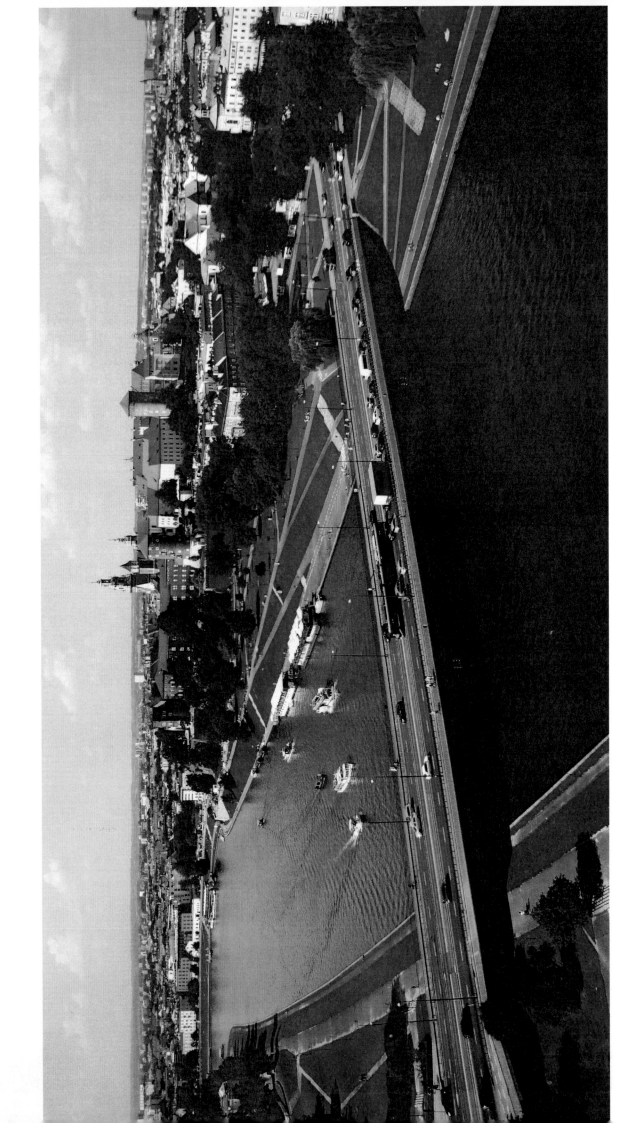

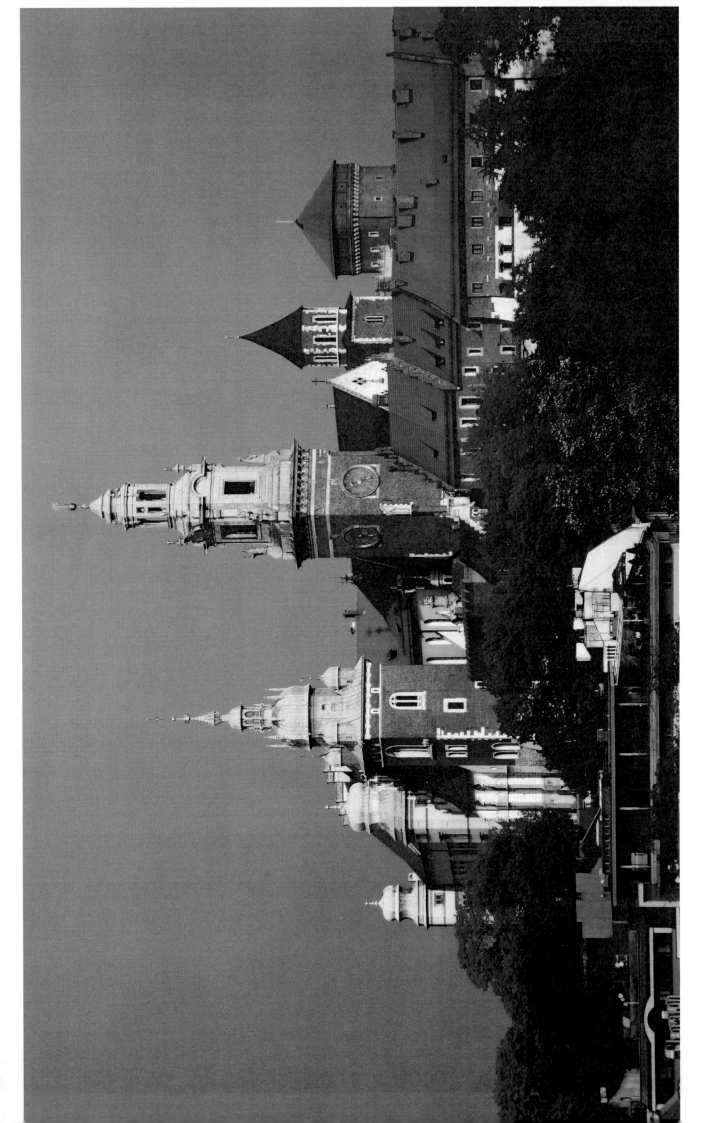

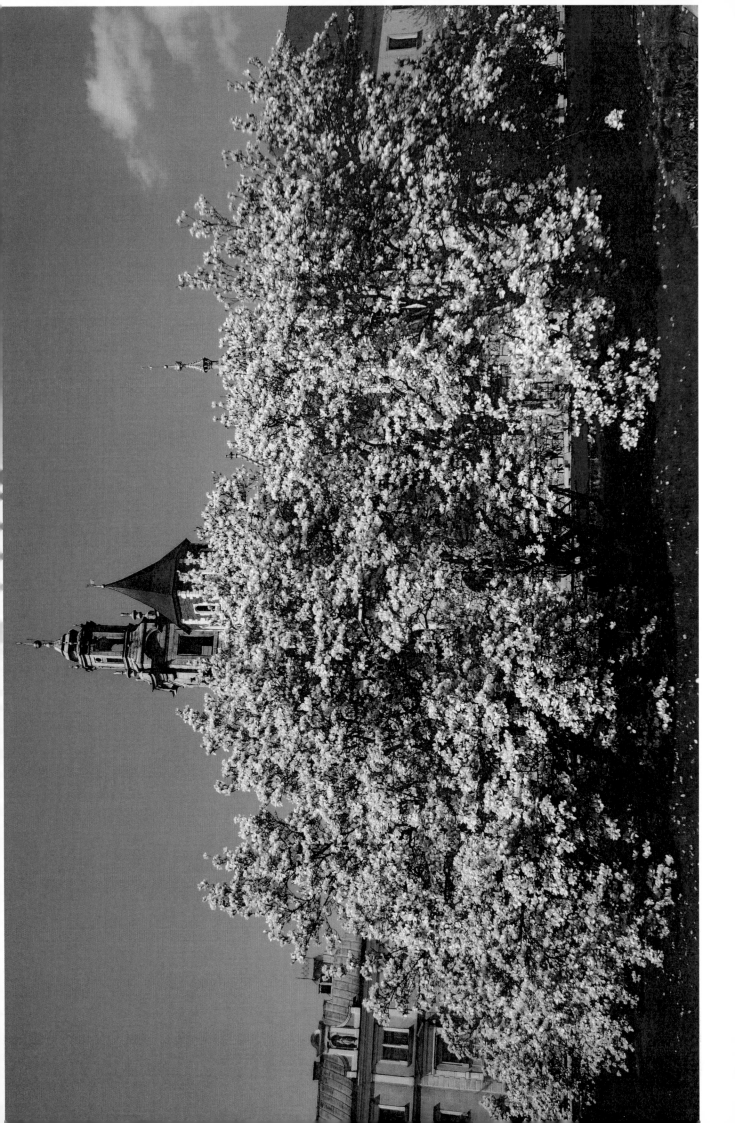

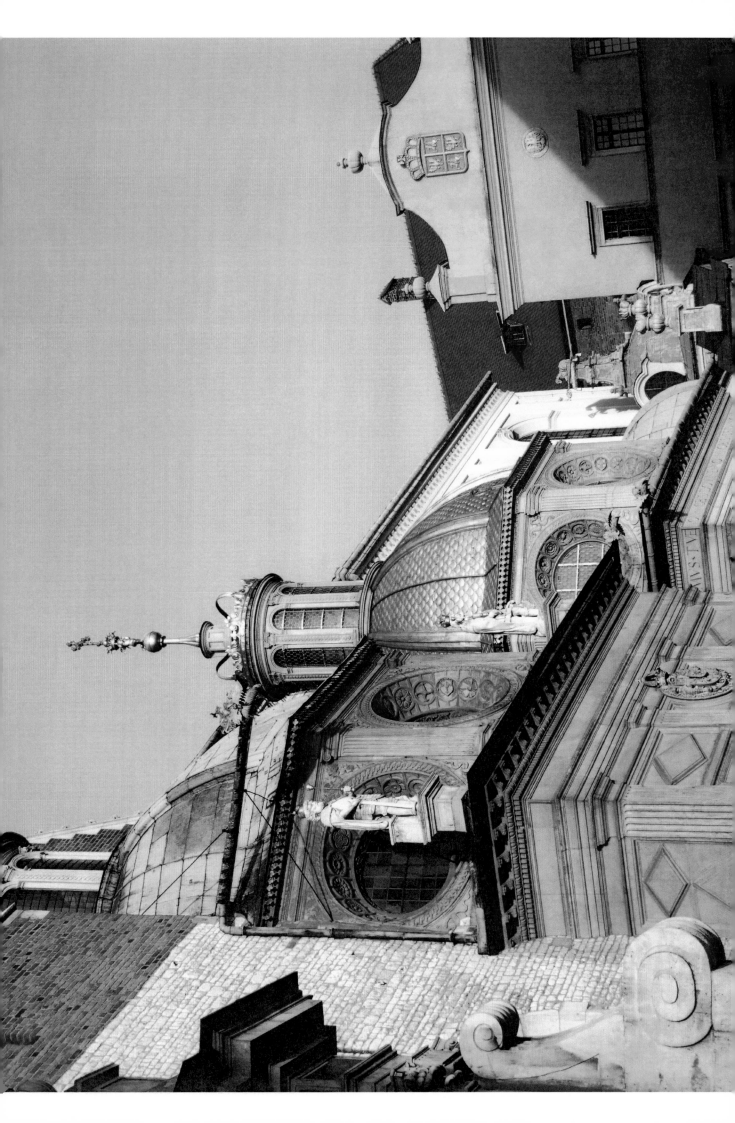

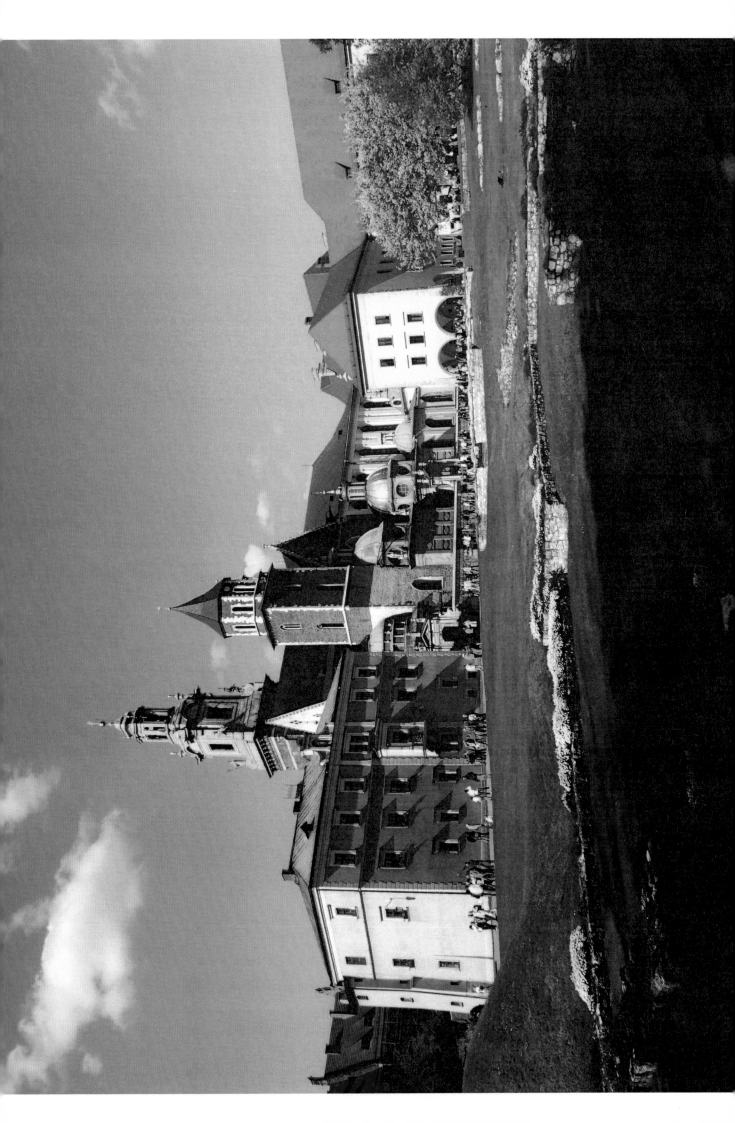

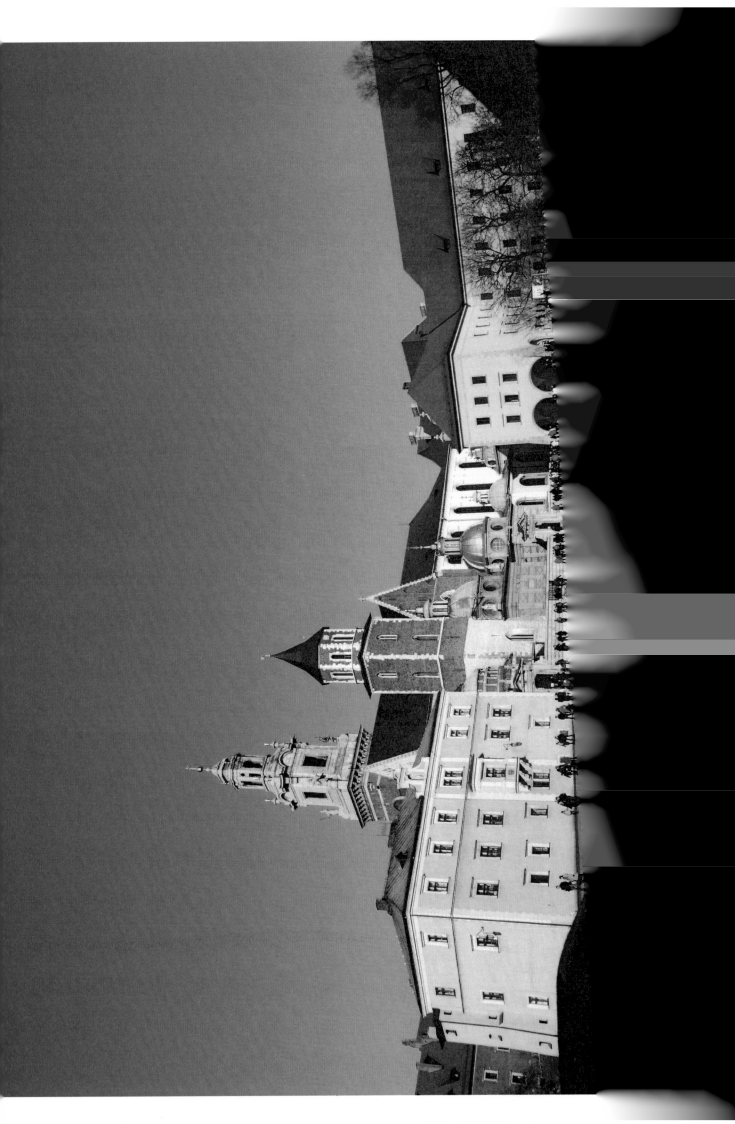

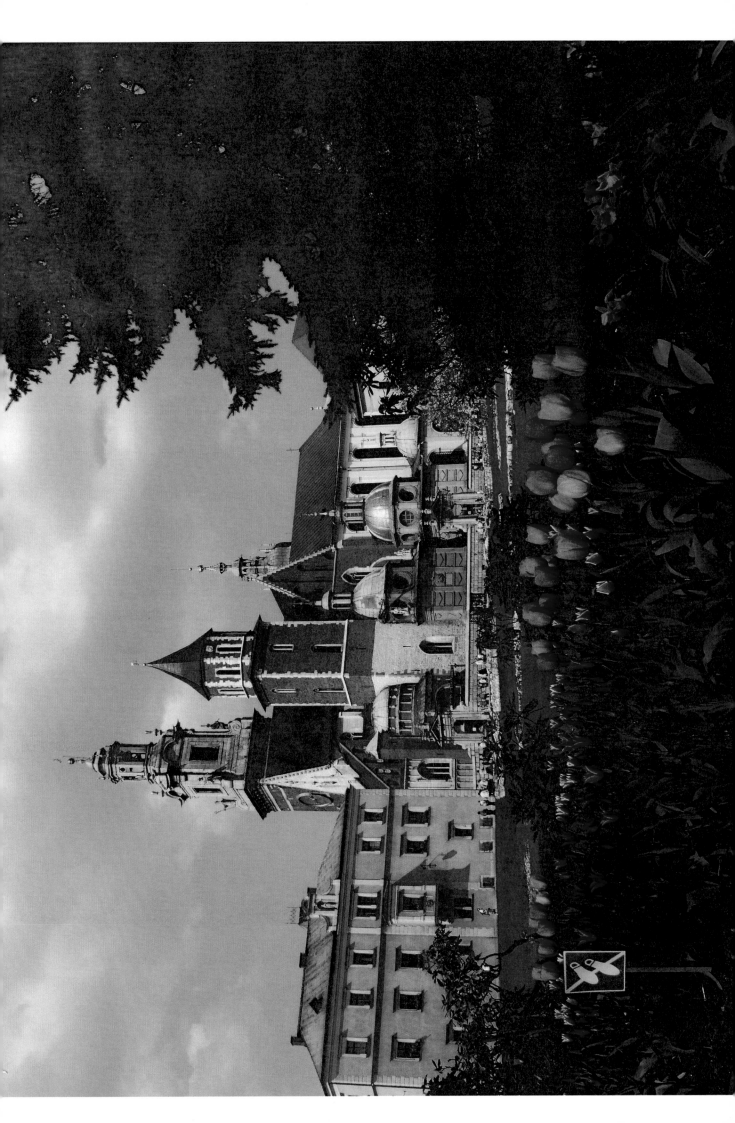

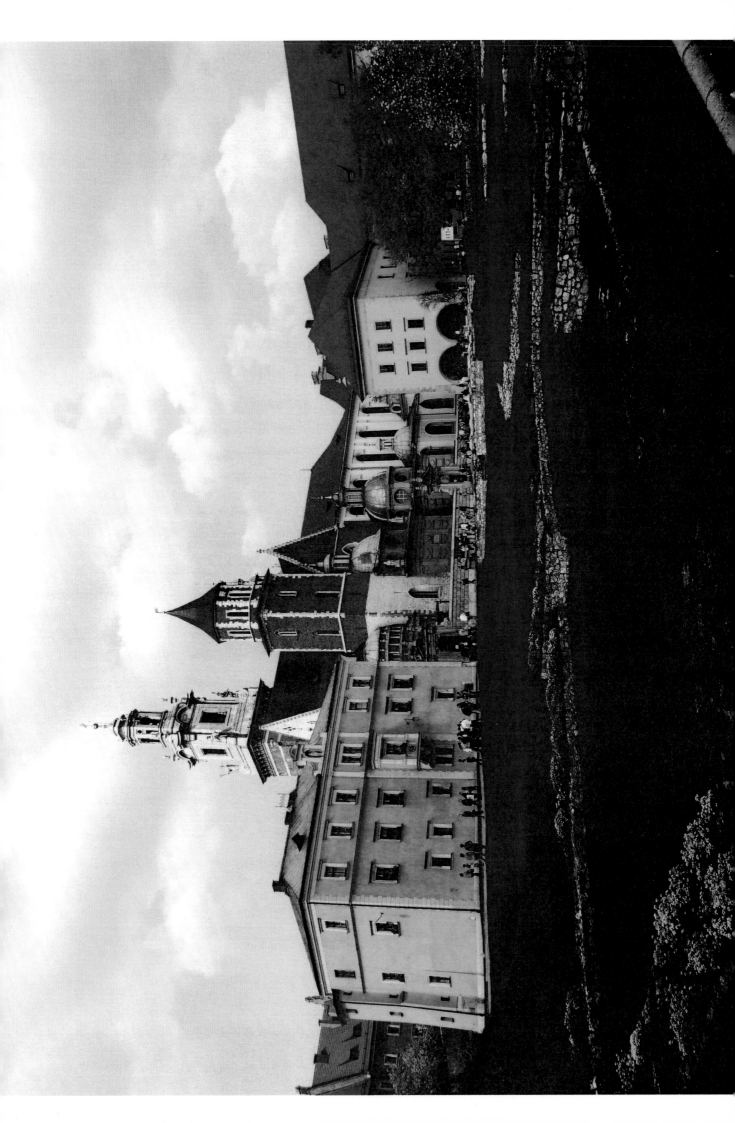

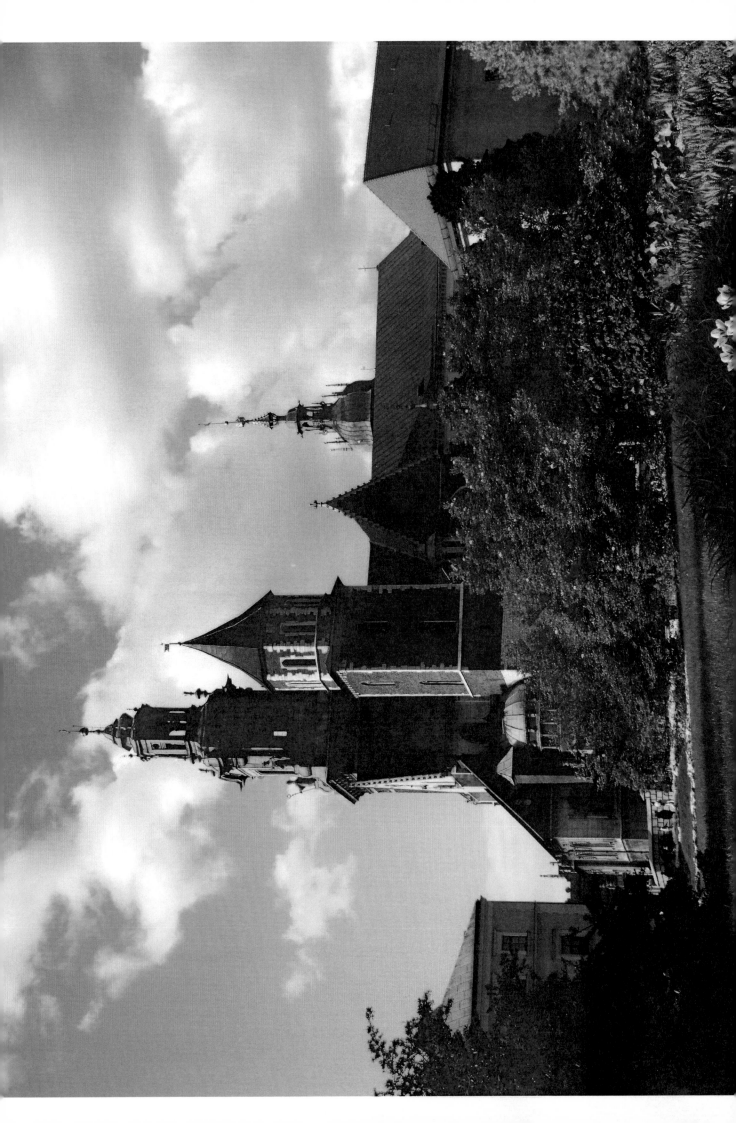

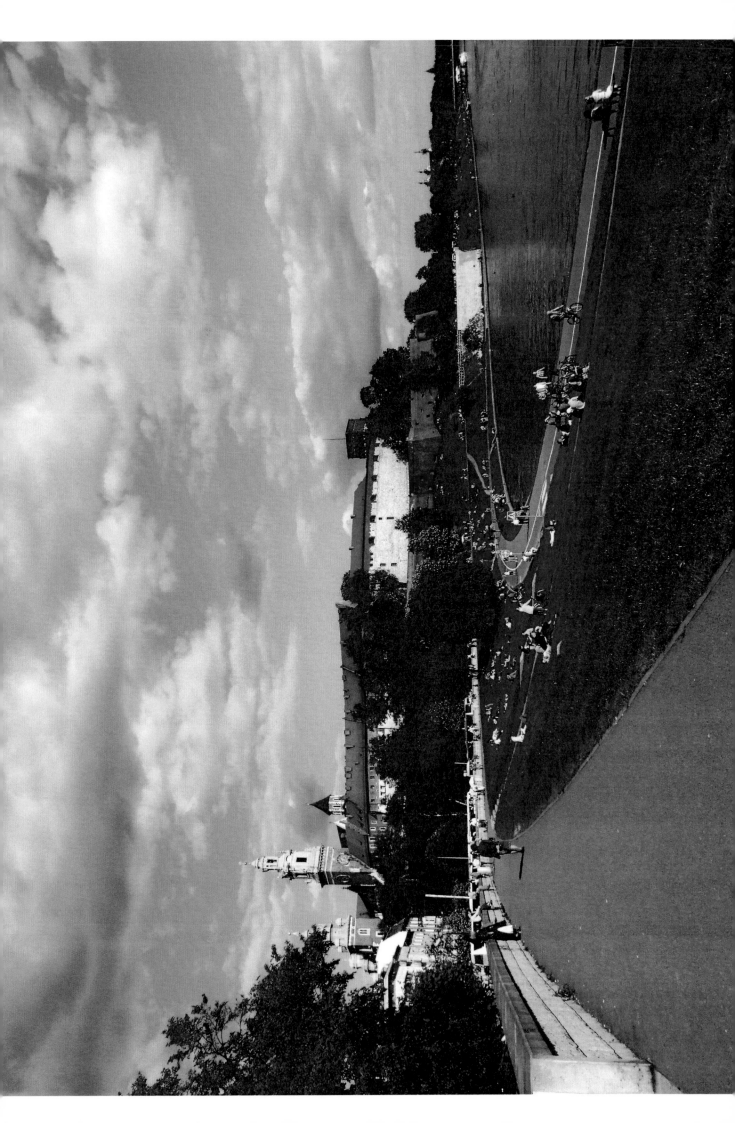

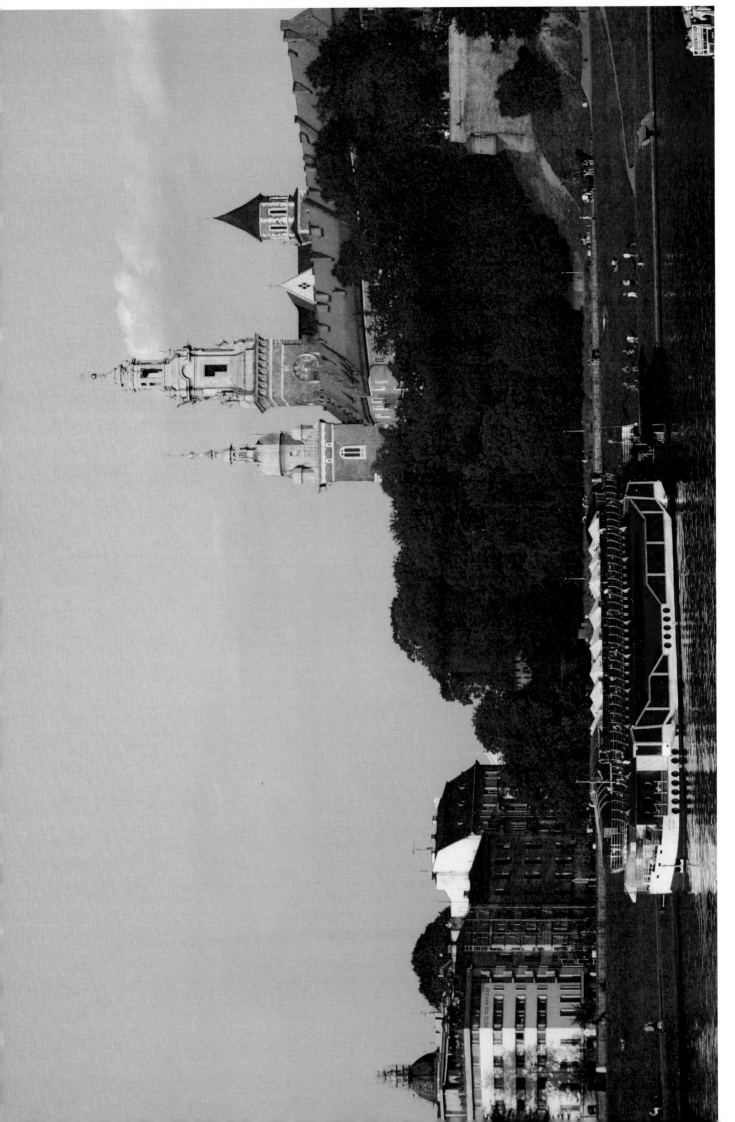

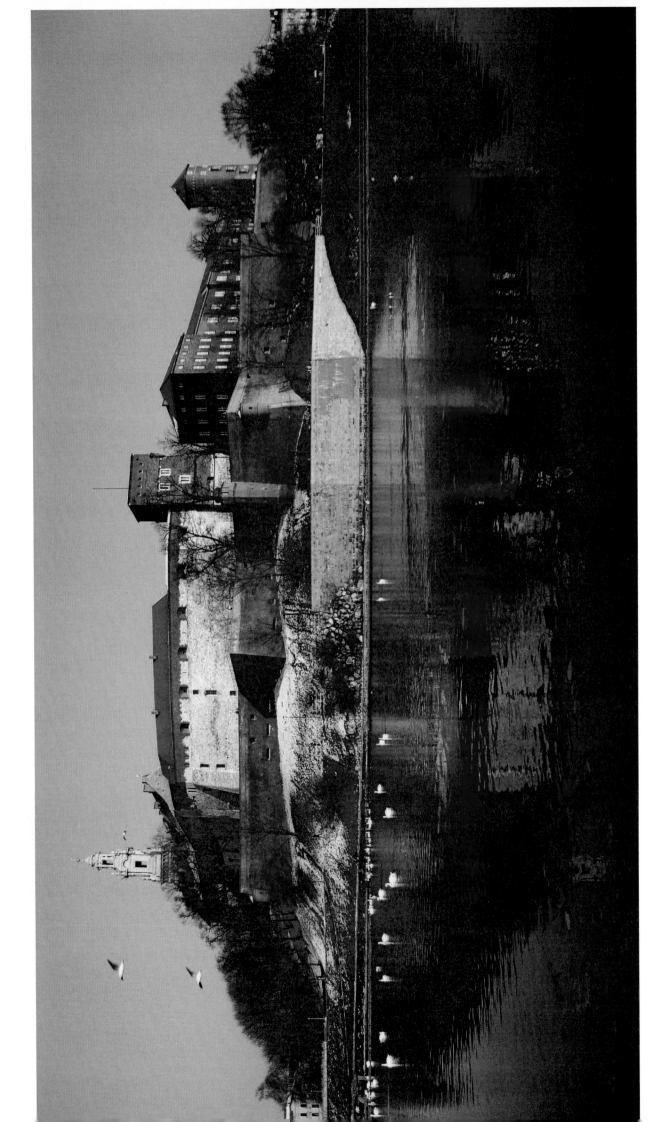

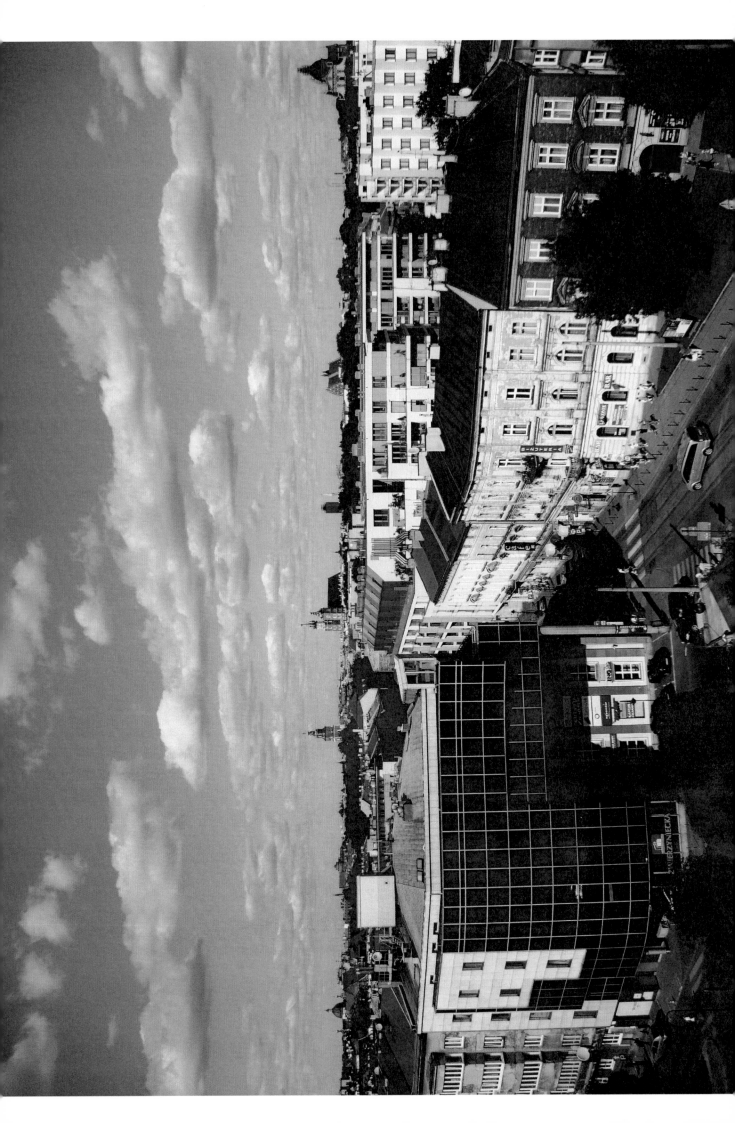

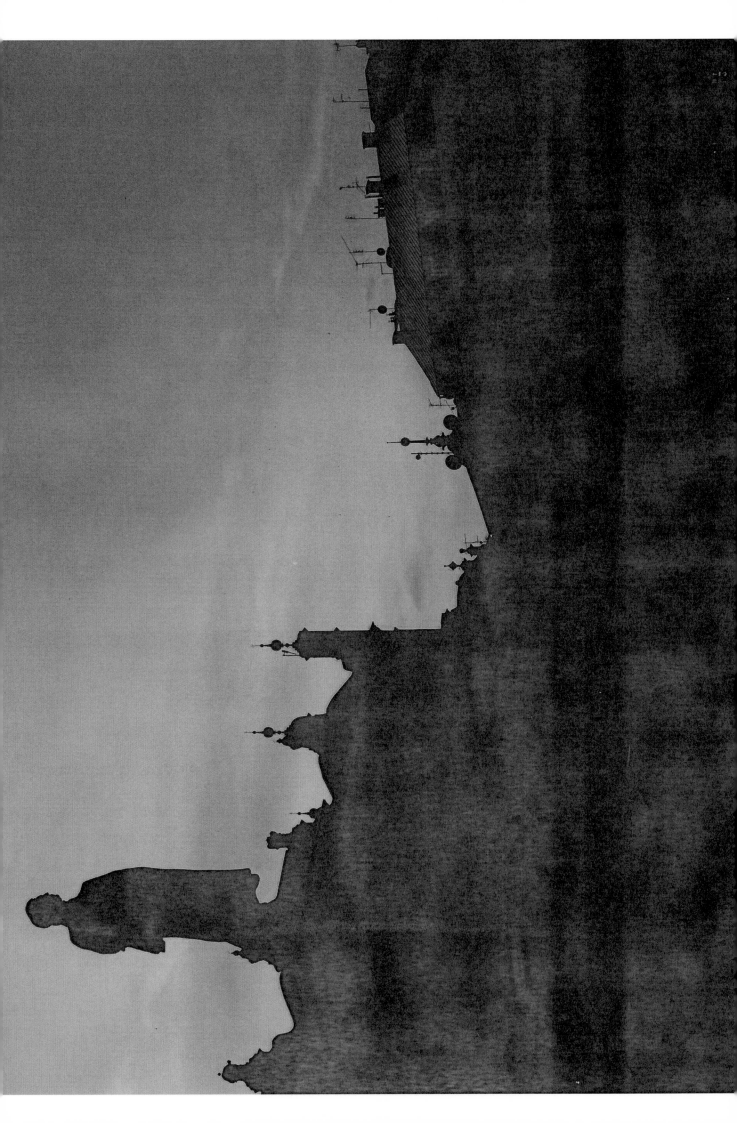

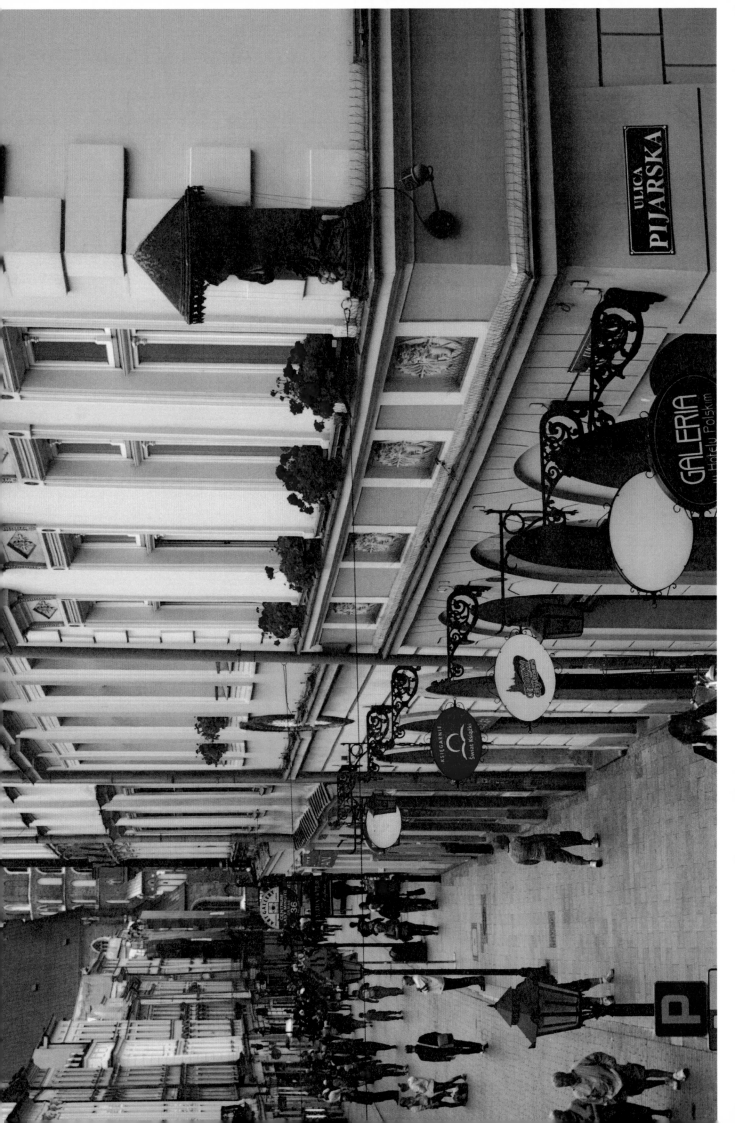

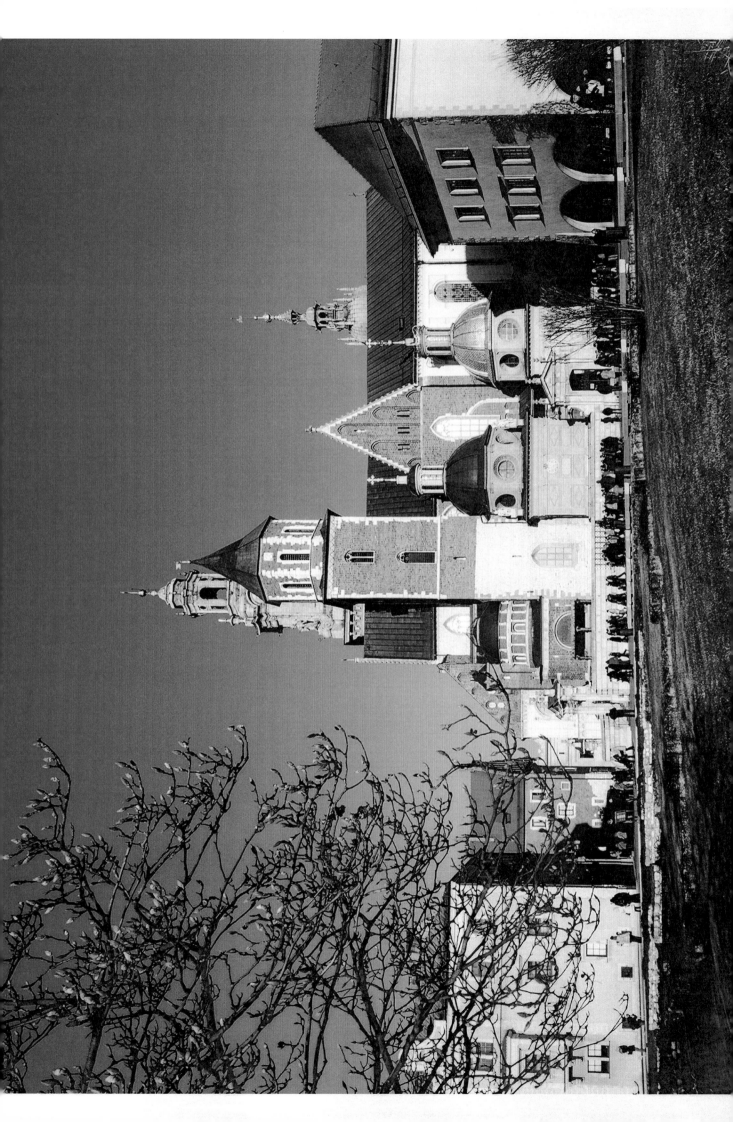

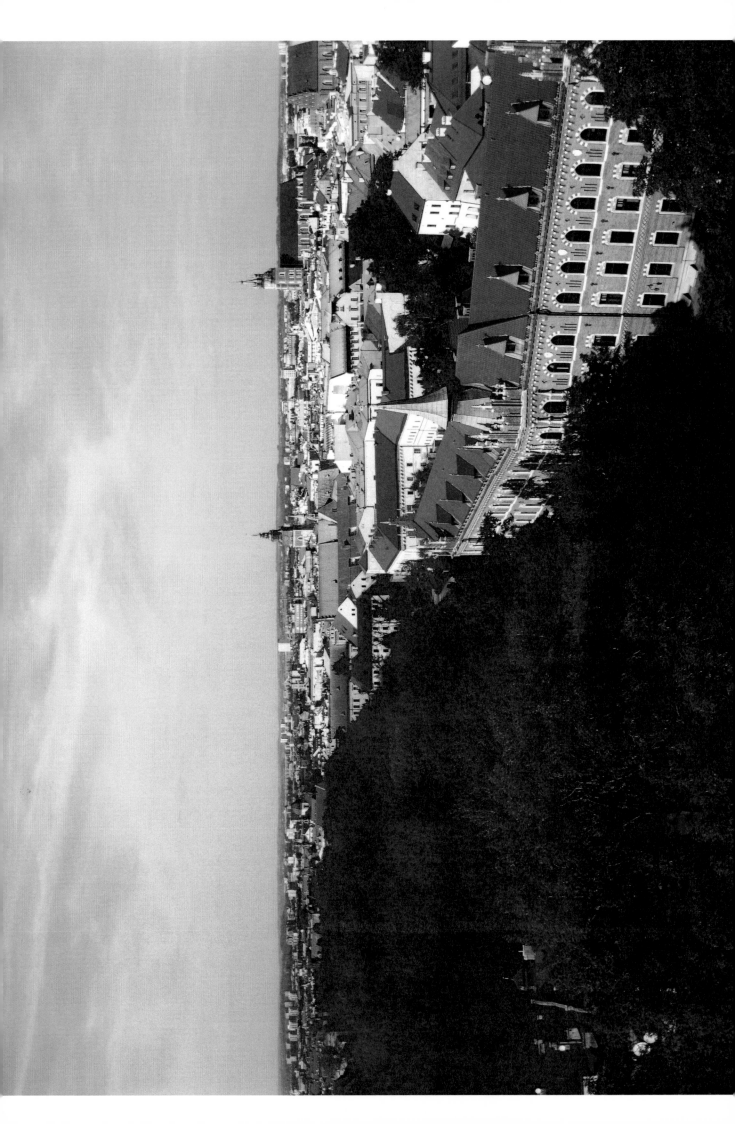

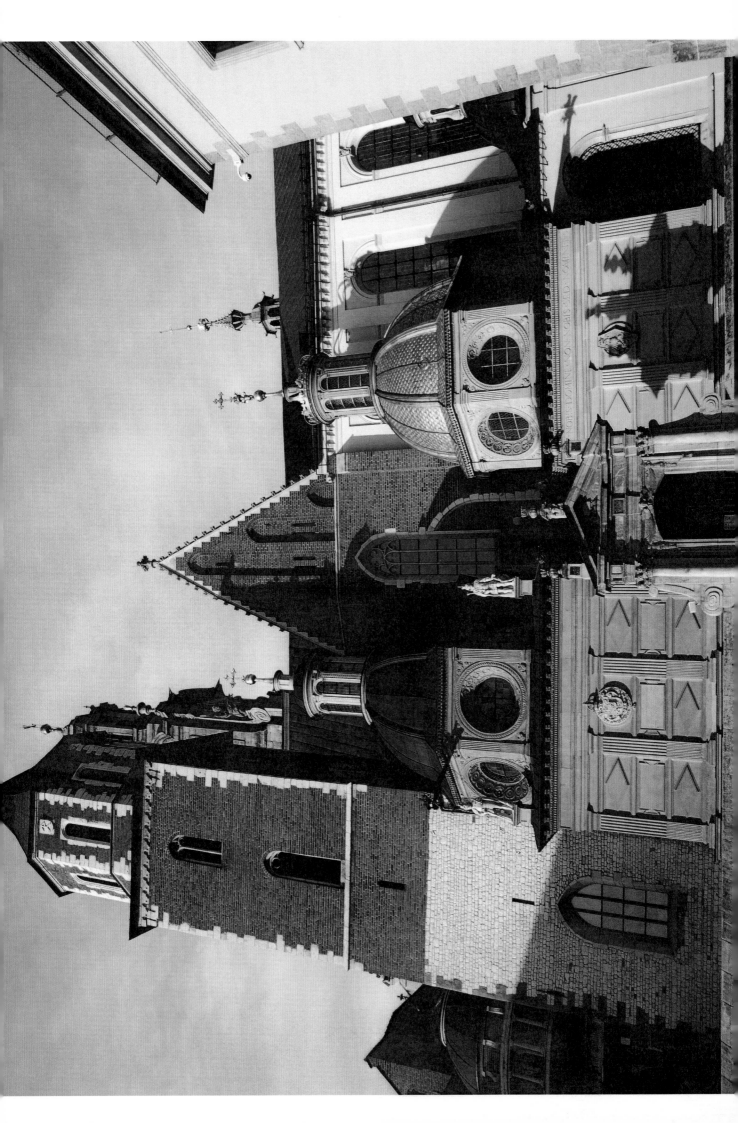

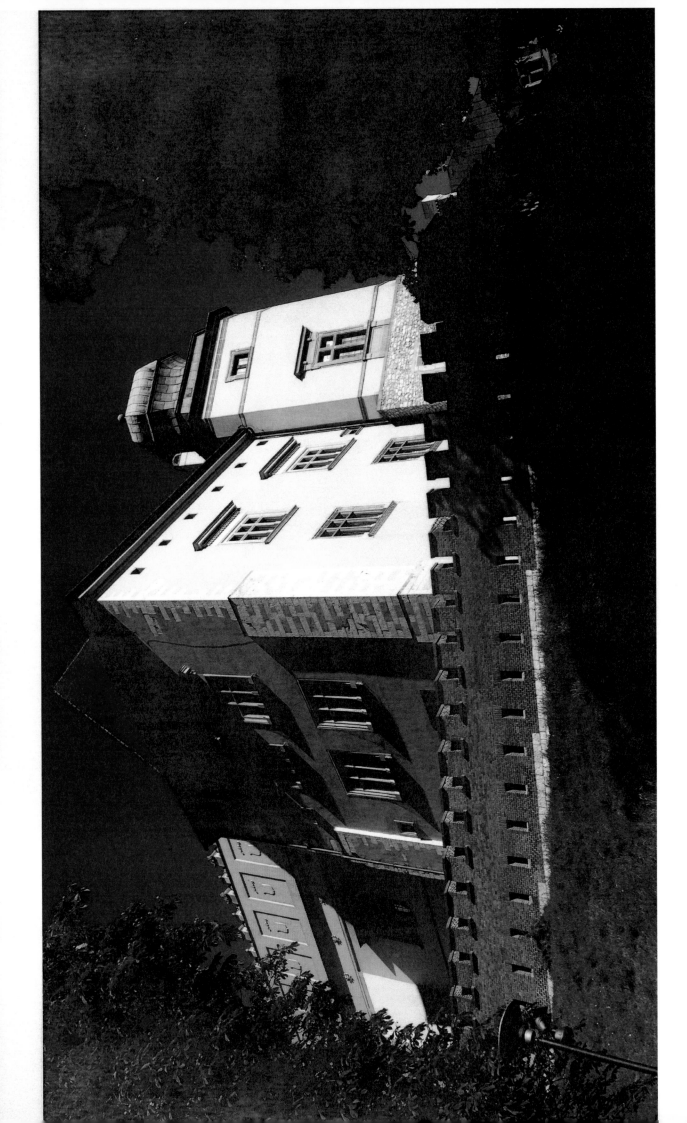

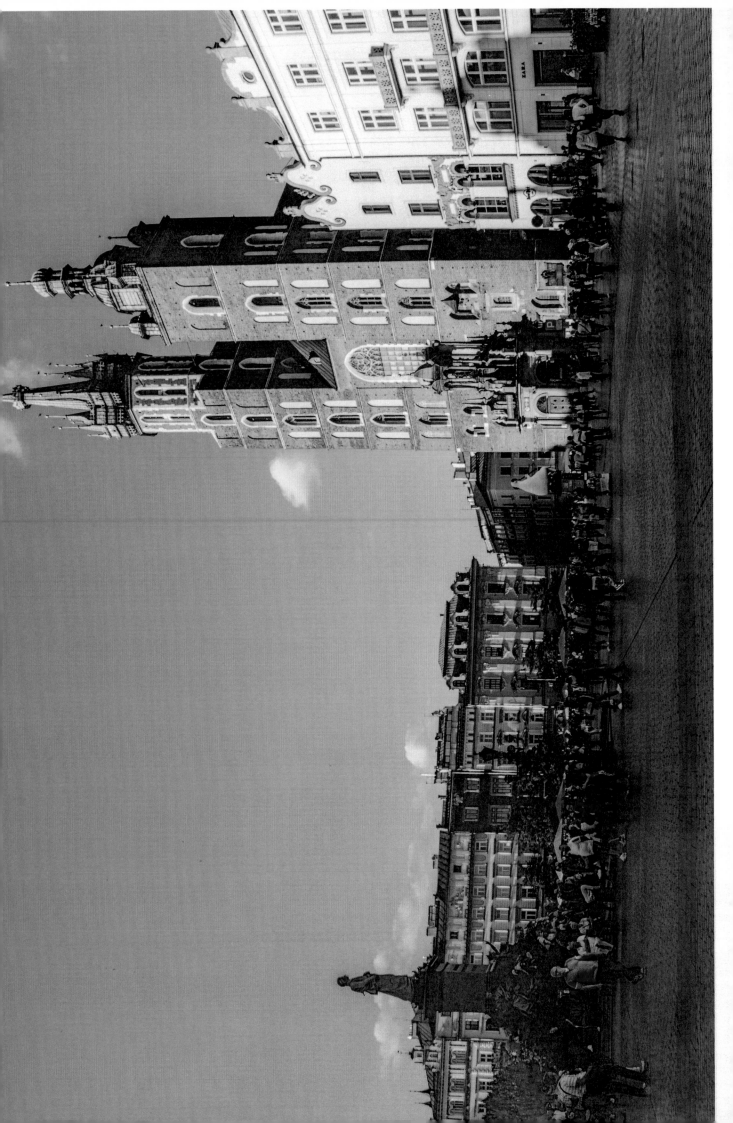

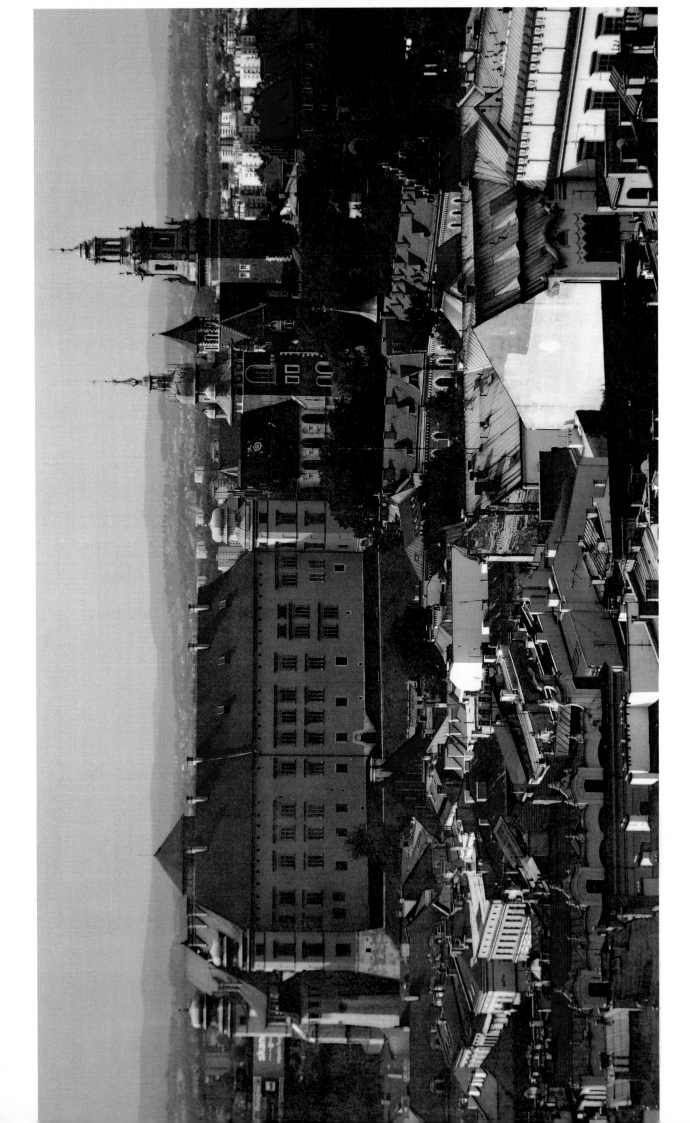

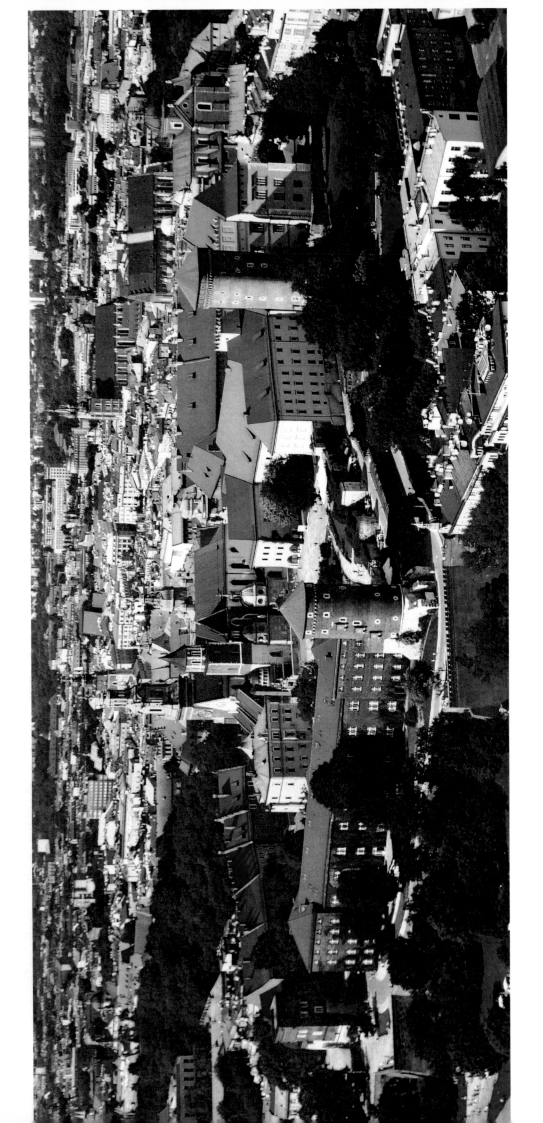

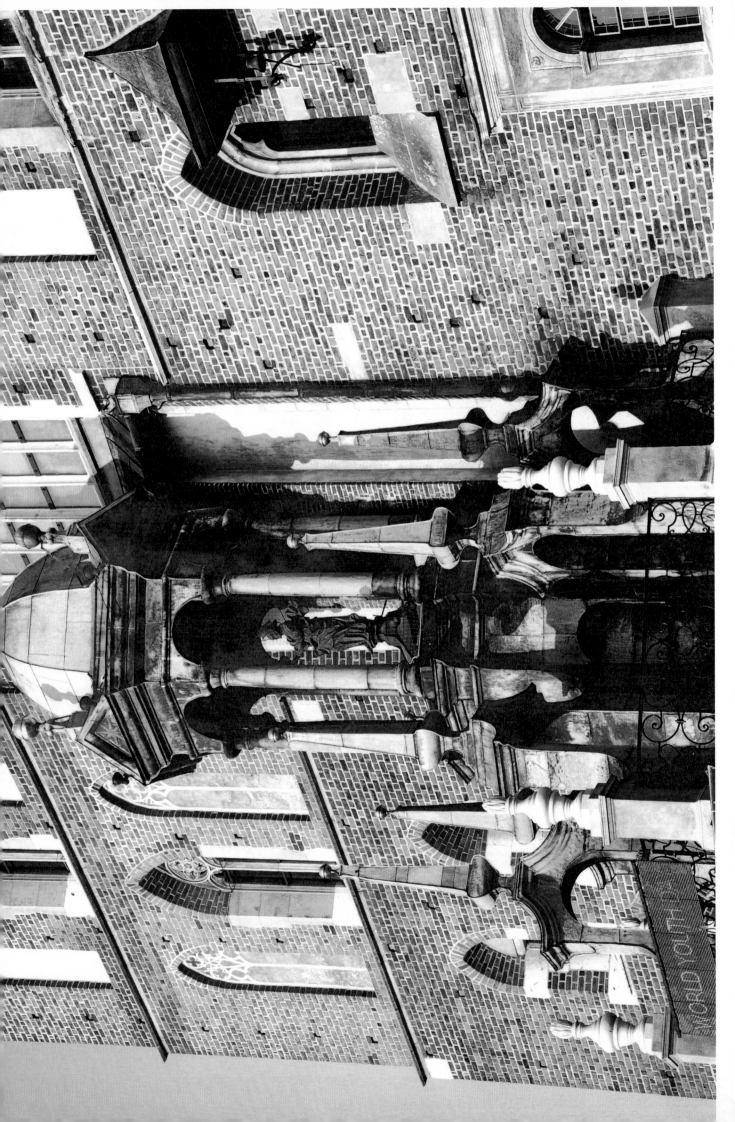

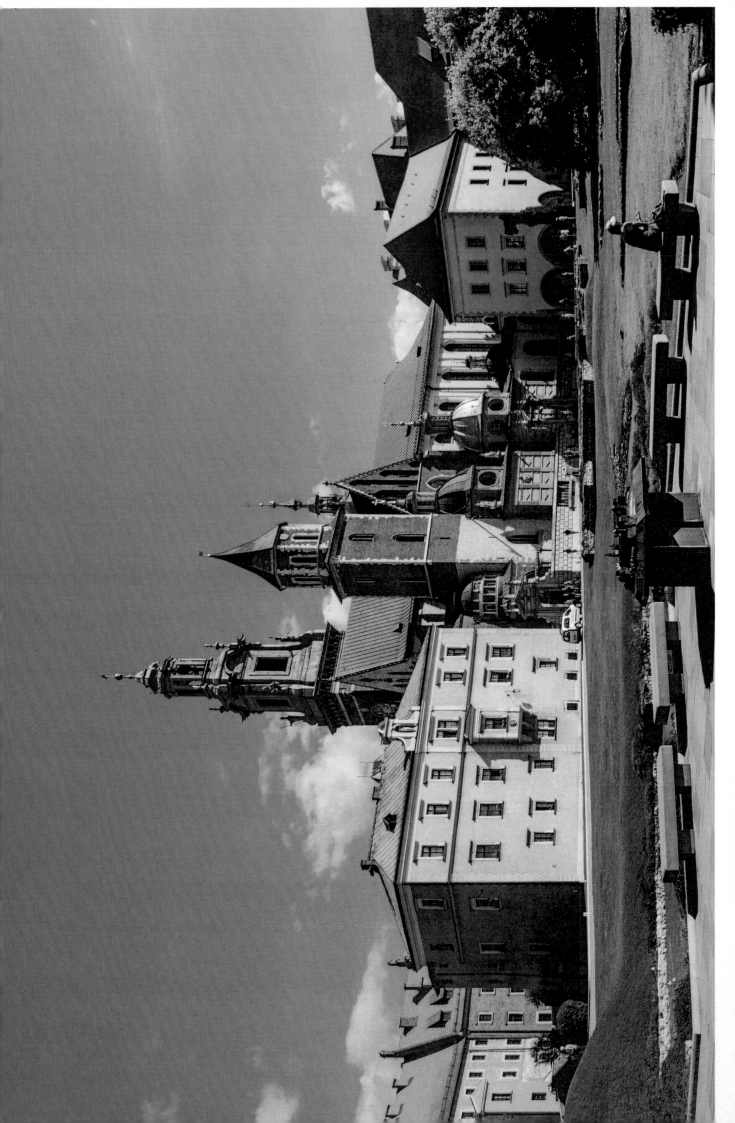

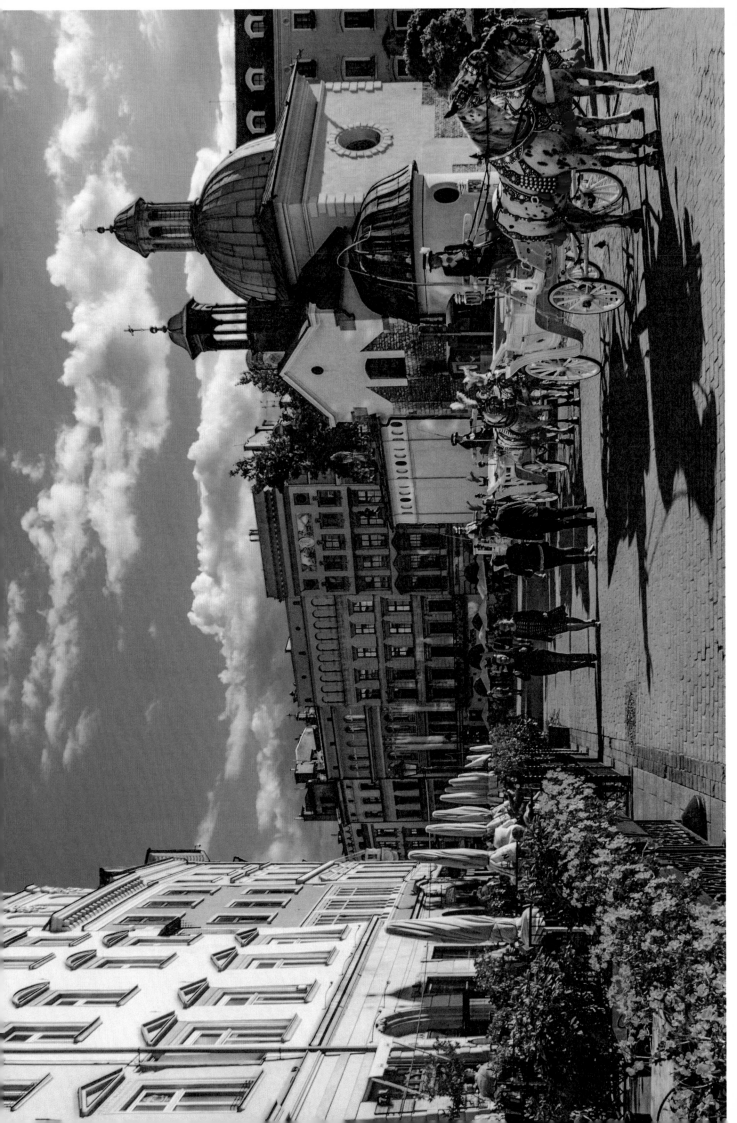

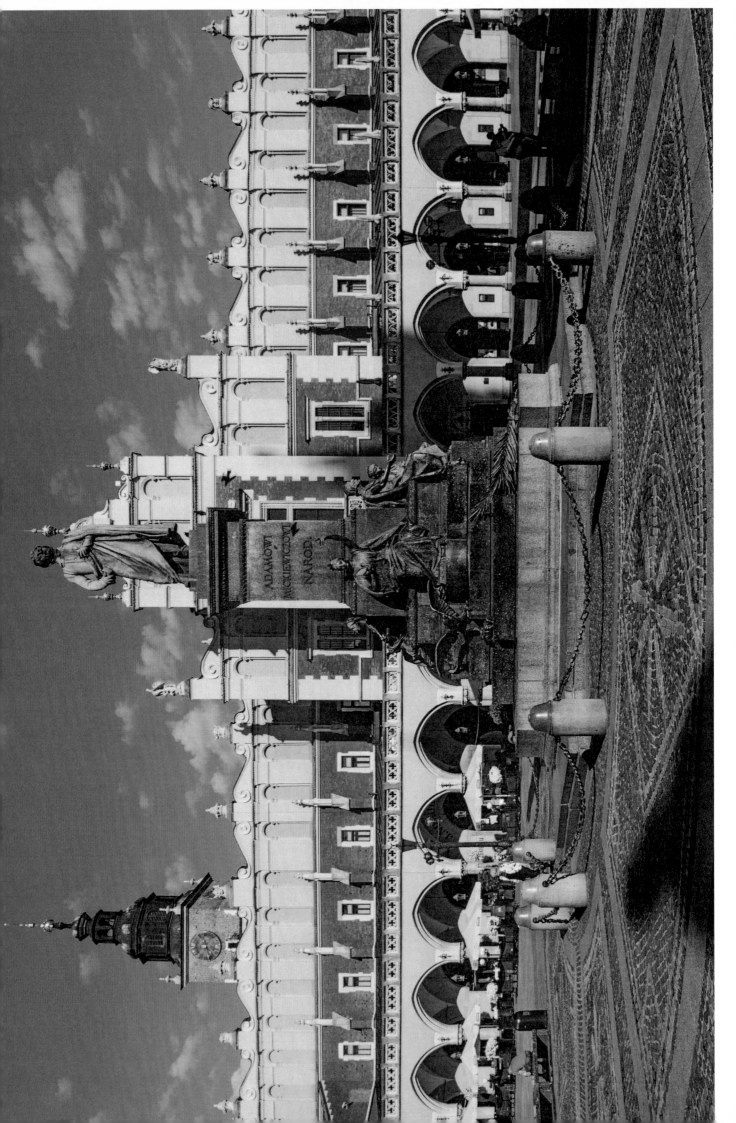

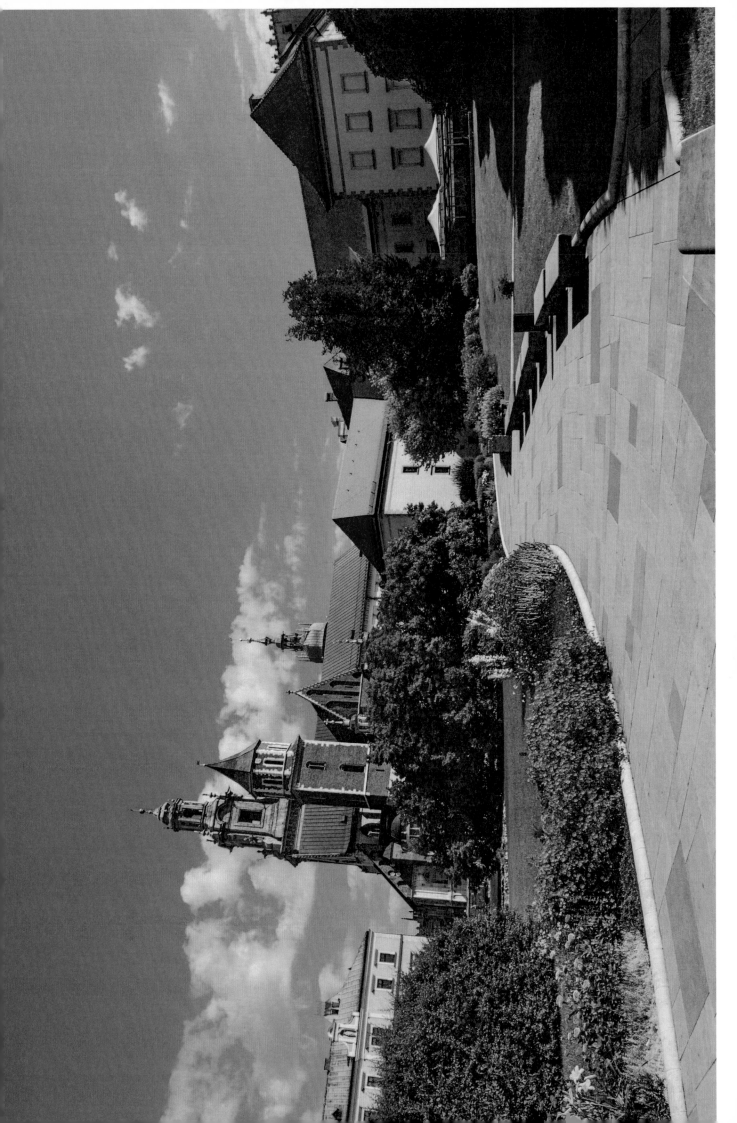

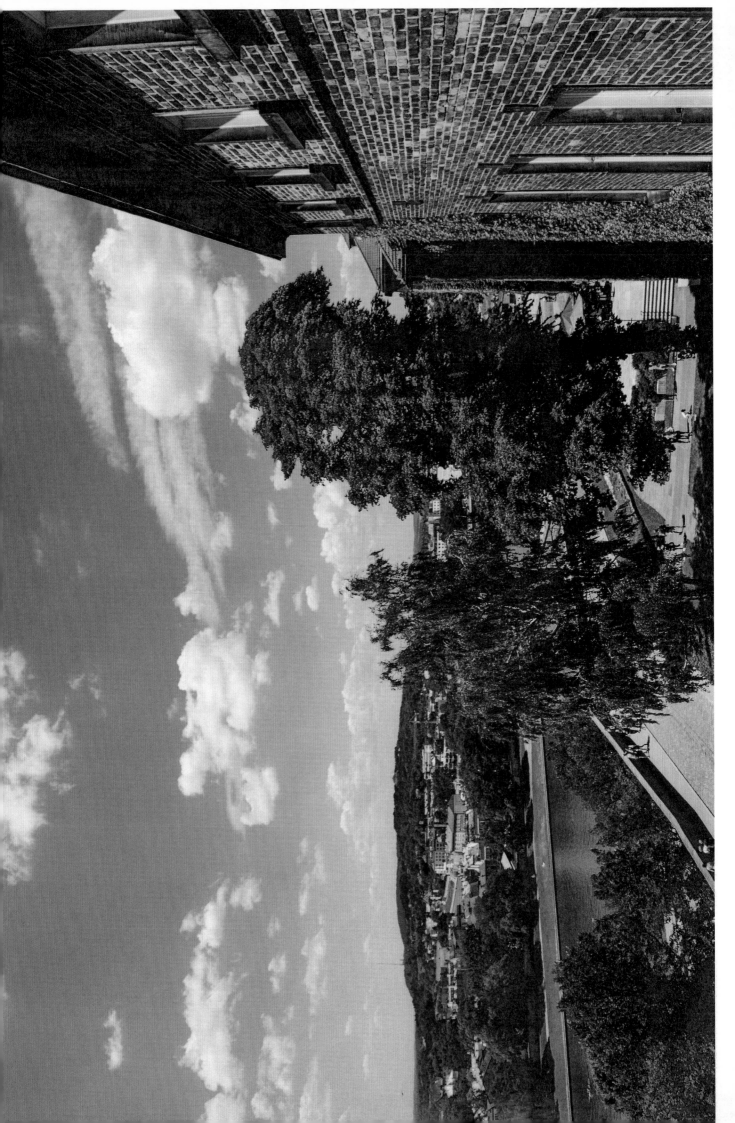

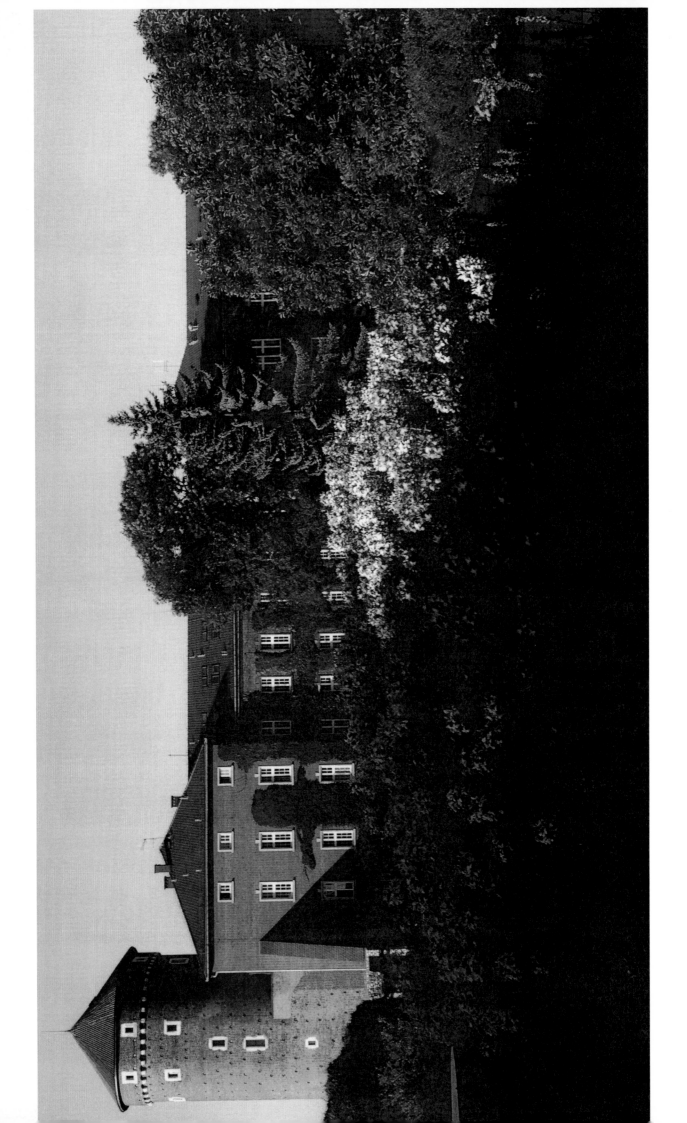

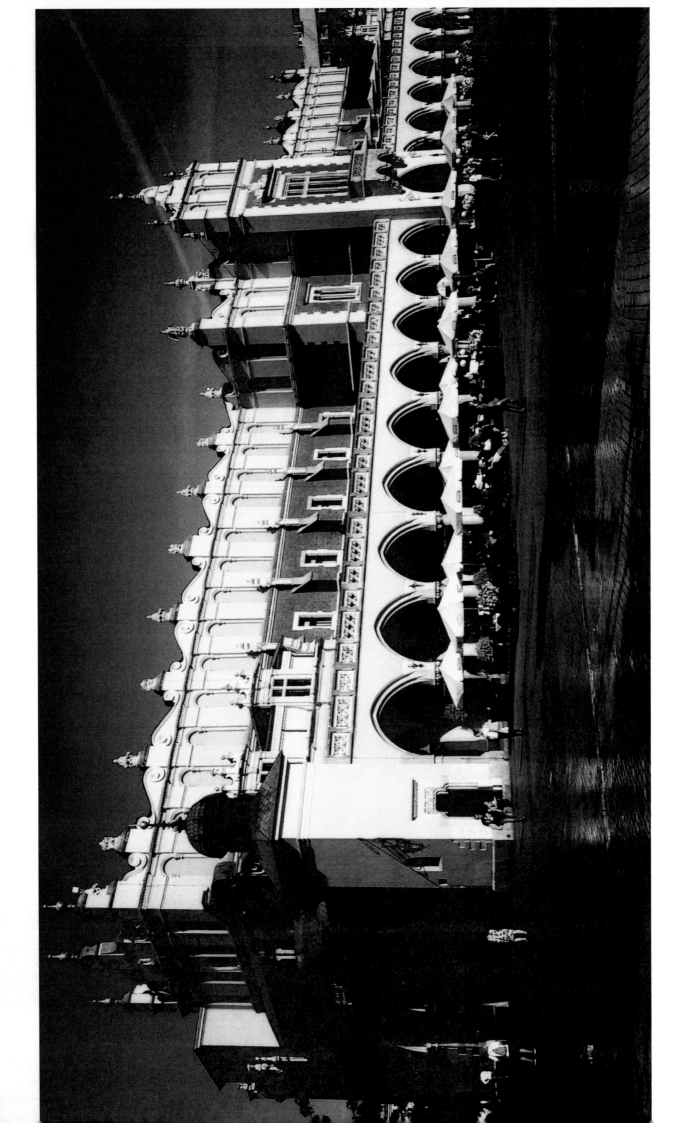

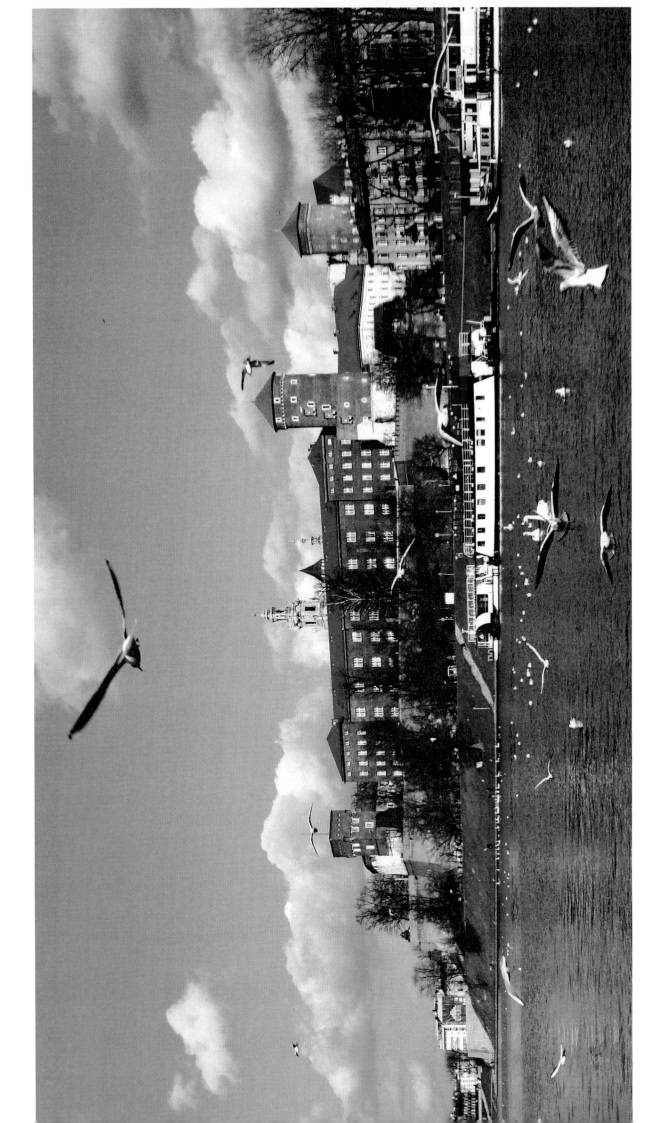

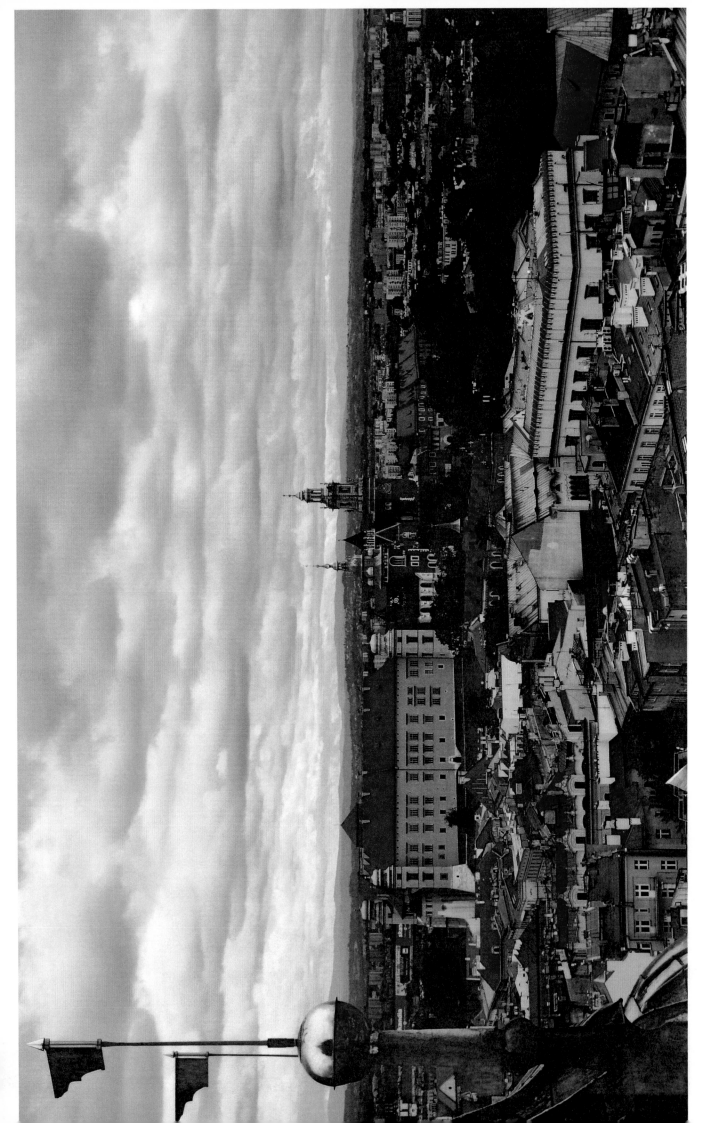

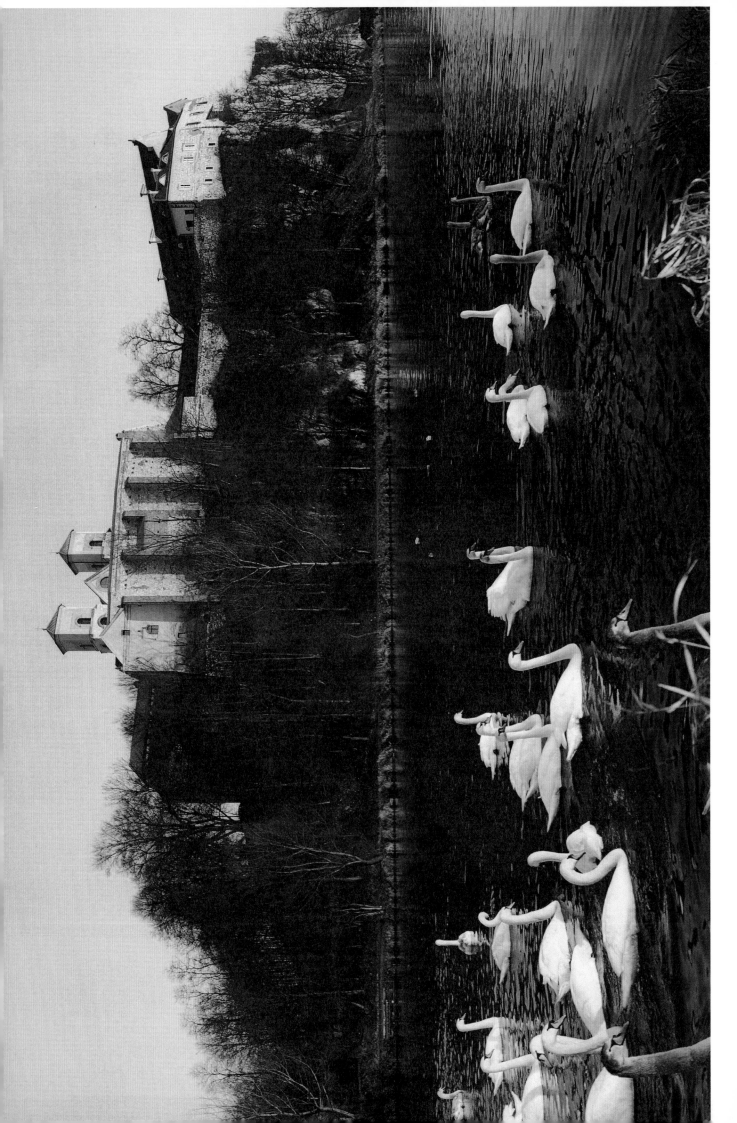

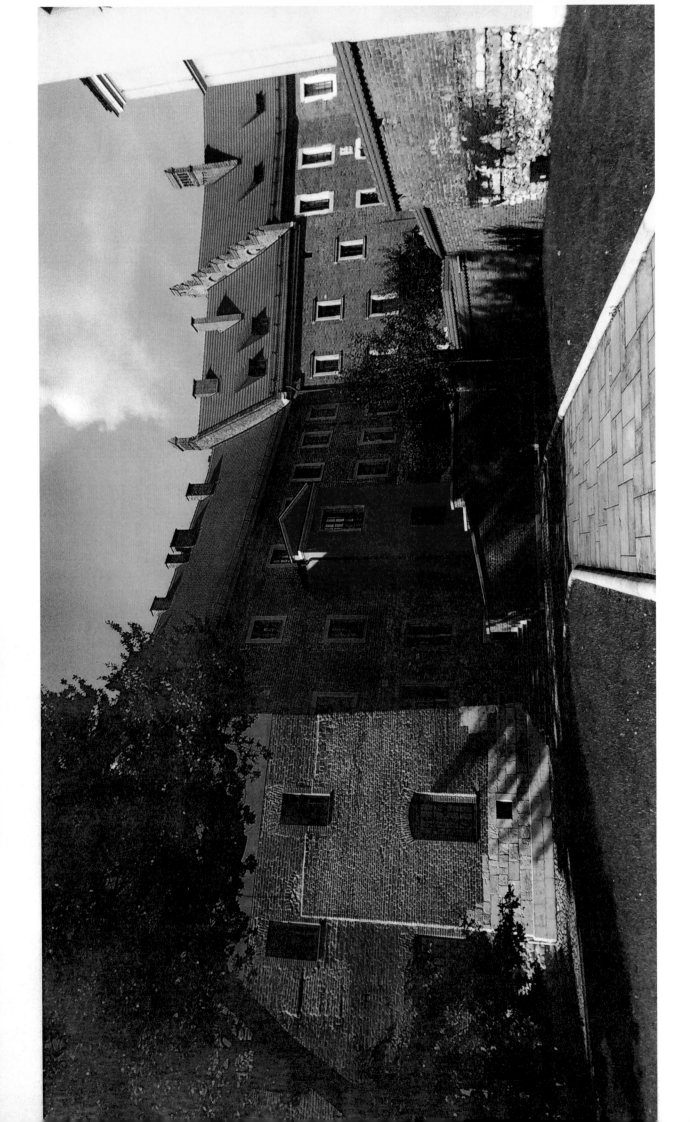

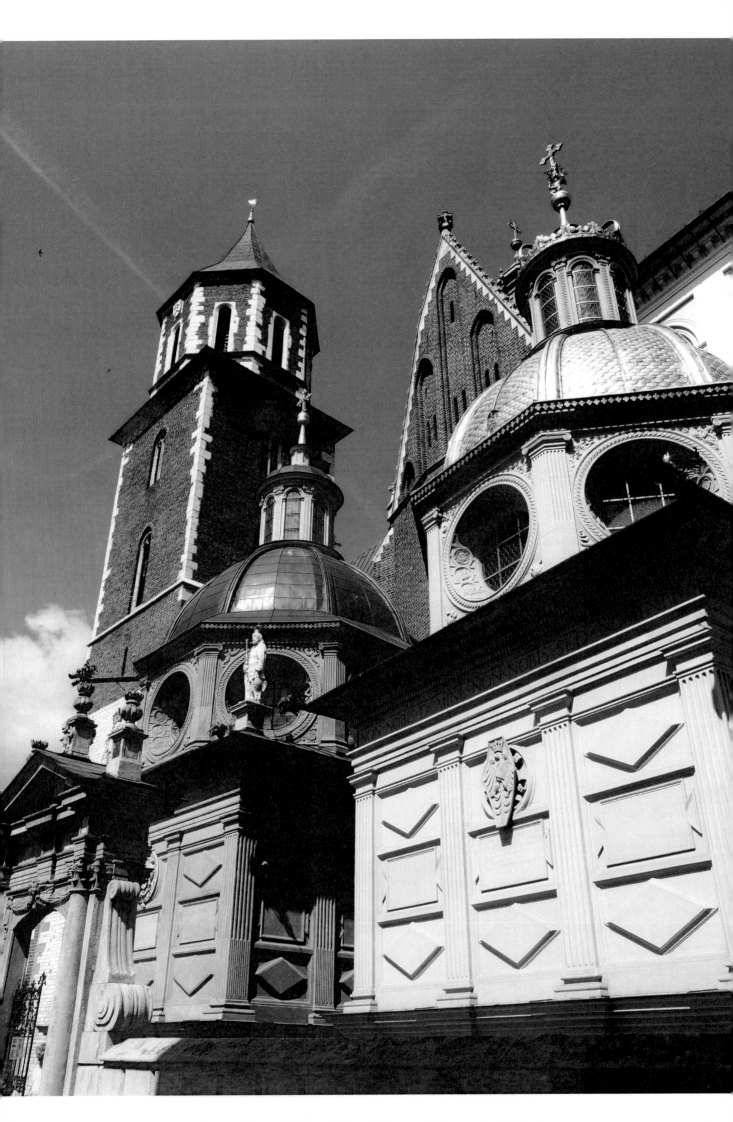

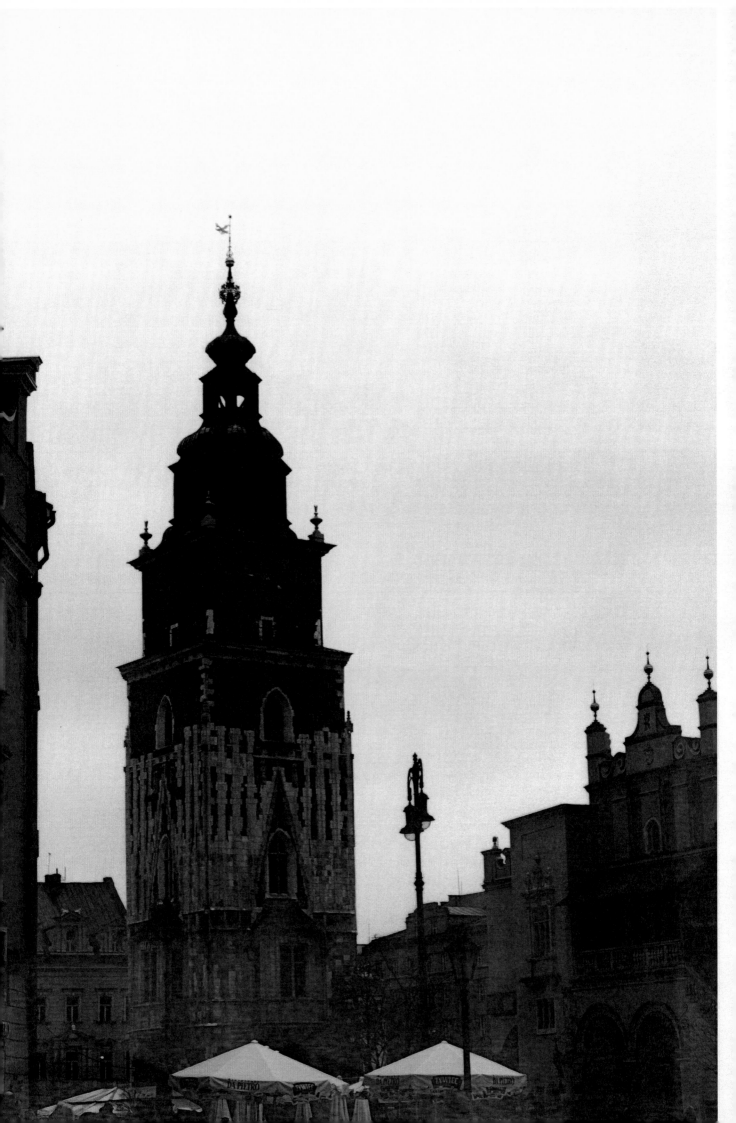

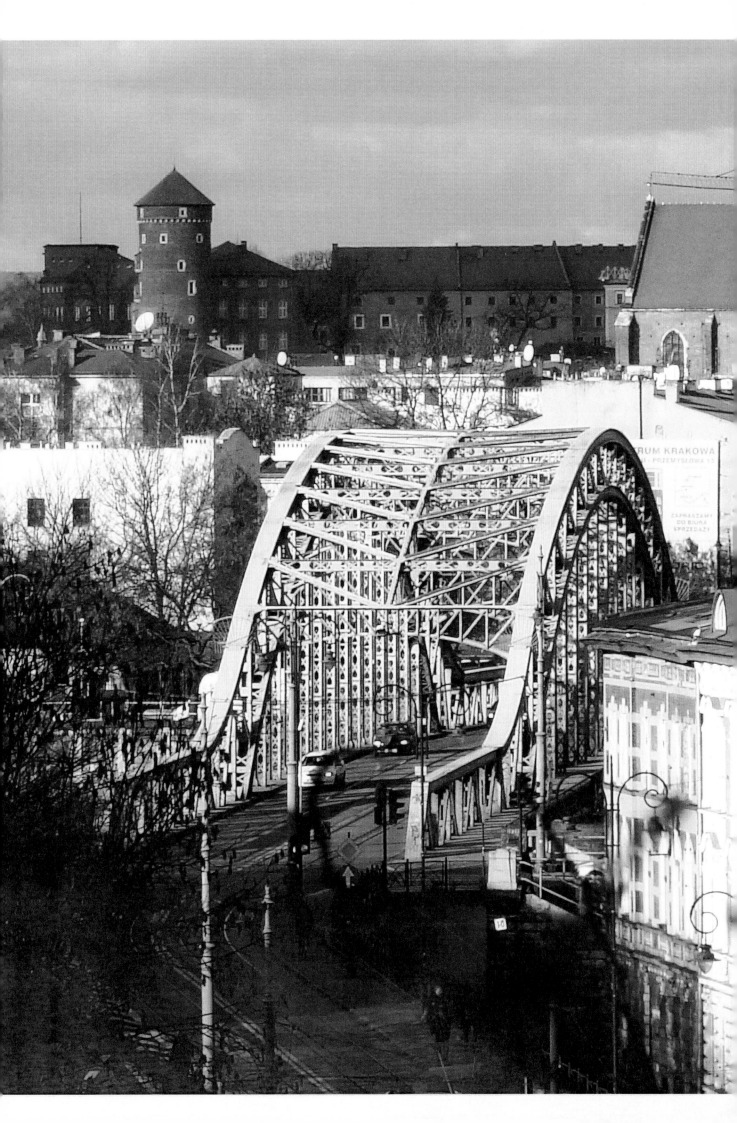

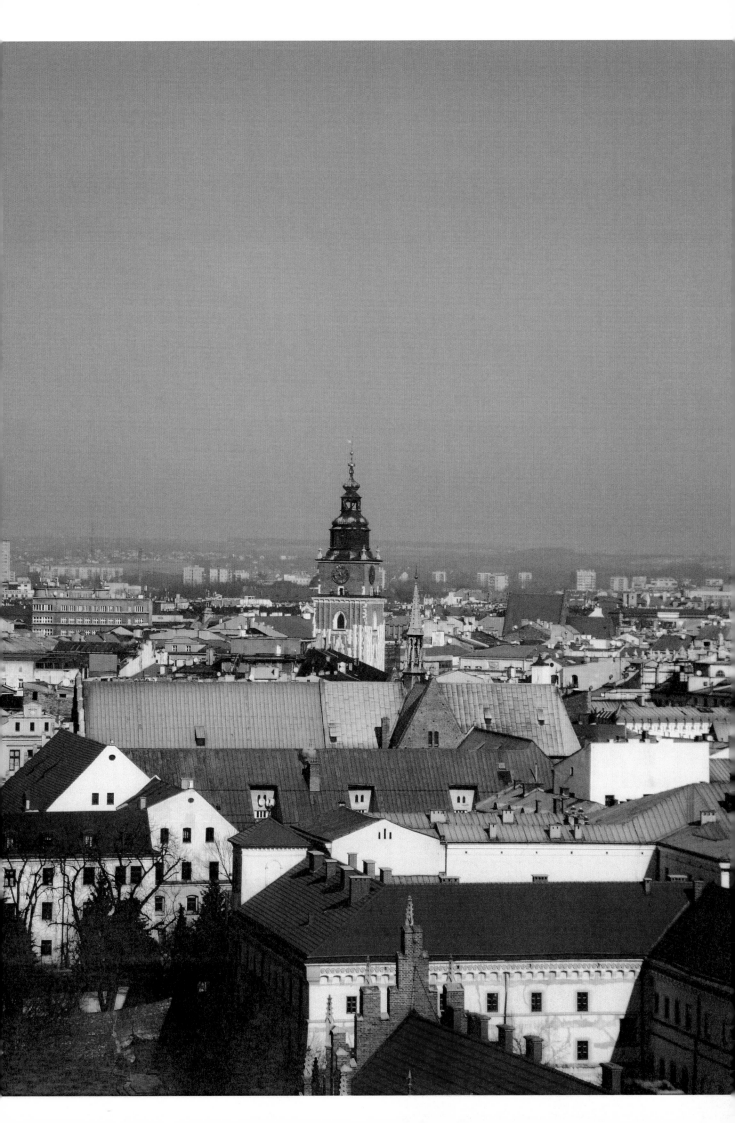

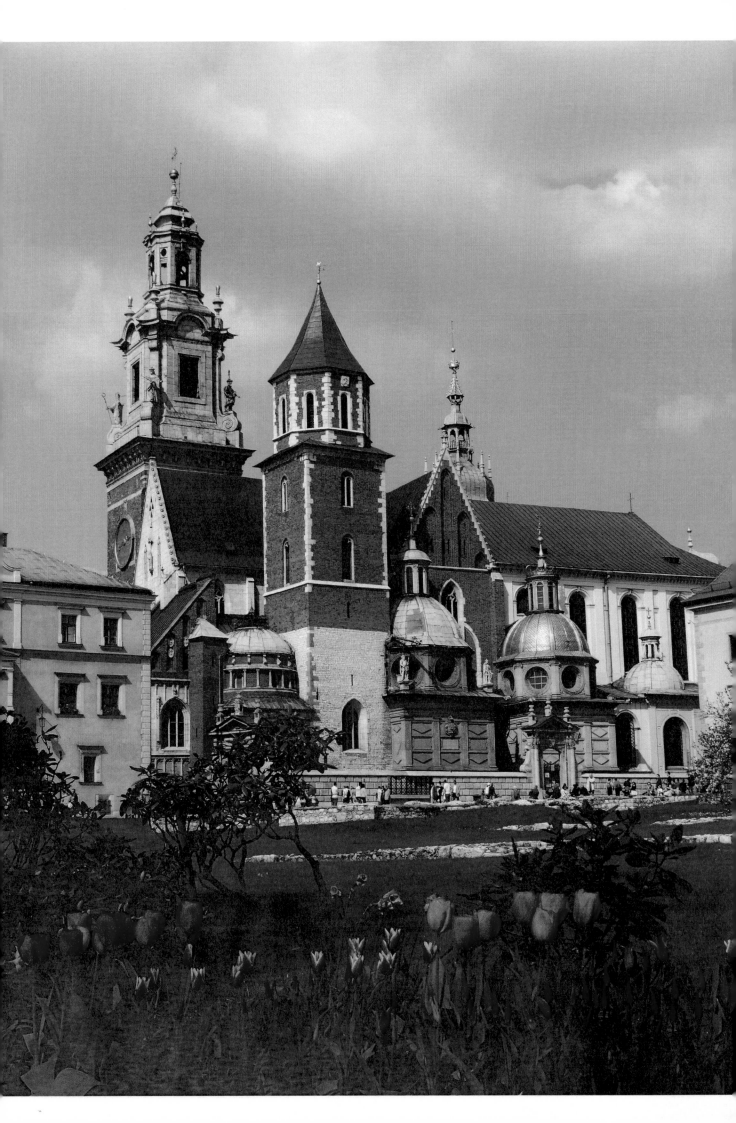

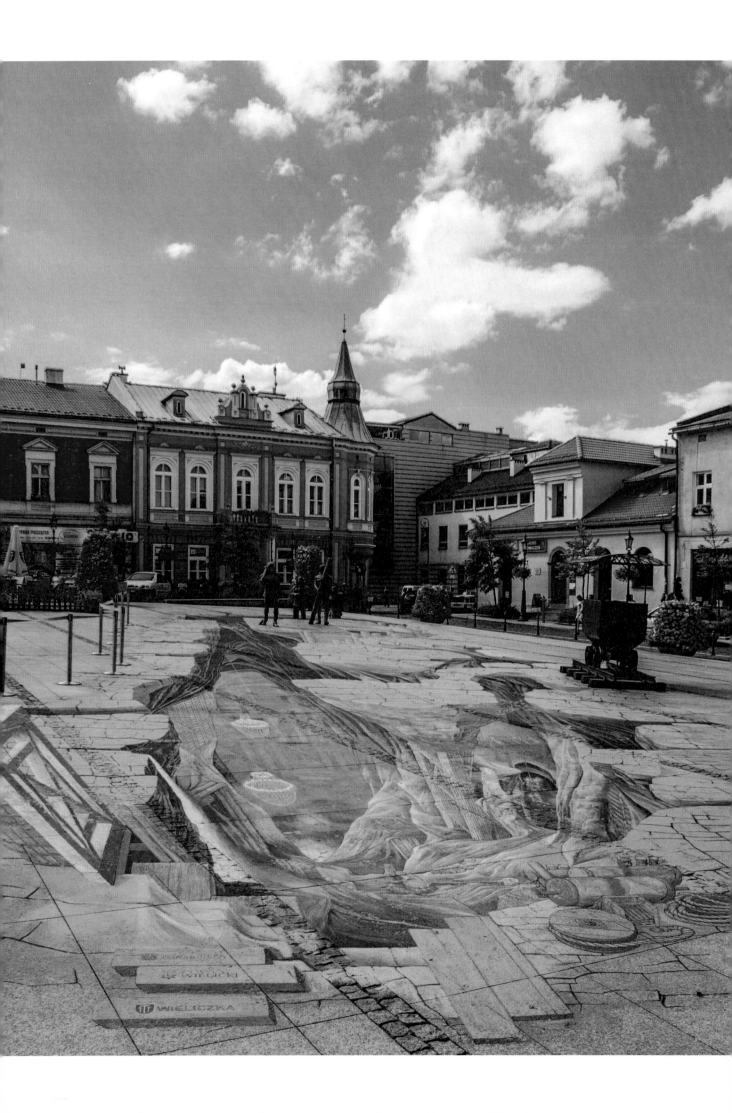